Radwandern in Aachen und Umgebung
11 Touren für Familien und Senioren

D1731881

Klaus Voß

Radwandern
in Aachen und Umgebung

11 Touren für Familien und Senioren

Meyer & Meyer Verlag

Radwanden in Aachen und Umgebung
11 Touren für Familien und Senioren

Bibliografische Information der Deutschen Nationalbibliothek
Die Deutsche Nationalbibliothek verzeichnet diese Publikation in der Deutschen
Nationalbibliografie; detaillierte bibliografische Details sind im Internet über
<http://dnb.d-nb.de> abrufbar.

© 2008 by Meyer & Meyer Verlag, Aachen
Adelaide, Auckland, Budapest, Cape Town, Graz, Indianapolis,
Maidenhead, New York, Olten (CH), Singapore, Toronto
Member of the World
Sport Publishers' Association (WSPA)
Druck: Burg Verlag Gastinger GmbH
ISBN: 978-3-89899-349-4
E-Mail: verlag@m-m-sports.com
www.dersportverlag.de

Aachen und seine schöne Umgebung

Genießt man bei angenehmem Wetter auf dem Markt vor einem Café oder Restaurant zum Beispiel einen Kaffee, ein leckeres Brötchen und einen Blick auf das schöne Rathaus, dann beflügeln Vorbeiradelnde vielleicht eigene Gedanken, mit seinem „Drahtesel" von hier aus in die Umgebung zu fahren. Alle Himmelsrichtungen stehen offen.

Es wird manchmal behauptet, Aachen sei ein „Regenloch". Radfahrer richten sich am besten bei der Entscheidung für eine Tour nach dem „Alt Aachener Barometer" und seinen drei inhaltsreichen Aussagen: Stein nass = Regen – Stein weiß = Schnee – Stein wackelt = Sturm!

Es werden hier Radausflüge vorgeschlagen, die bis auf eine Tour als Rundtouren angelegt sind. Man könnte früh am Markt starten und zum Abendessen rechtzeitig hierher zurückkehren. Die Routen von Aachen in die Umgebung führen in der Regel irgendwann bergauf, aber nicht immer so steil hinauf, dass man sein Rad jedes Mal schieben müsste. Dafür belohnen oben herrliche Ausblicke, etwa auf die im Tal liegende Stadt, ihre angrenzenden Wälder oder die Landschaften Belgiens und der Niederlande.

Die Radwanderungen sind etwa zwischen 20 und 40 km lang. Sie verlaufen zum Teil auf oder in der Nähe der wegweisenden Ausschilderungen der weiter unten aufgeführten Radwanderungssysteme. Ihre Ortsangaben bzw. Knotenpunktsysteme sind in die Darstellung eingebaut. Im Buch werden dabei verkehrsreiche Straßenabschnitte nach Möglichkeit auf kleinen und ruhigen Wegen umfahren.

Aktuelle Wander- oder Tourenkarten sollte man mitführen, da manches Zeichen in üppiger Vegetation übersehen werden kann, bis zur Unkenntlichkeit besprayt worden ist, gar fehlt oder in die falsche Richtung weist (warum auch immer). Hilfreich können auch mobile Navigationsgeräte sein, wenn Irritationen über einen momentanen Standort aufkommen. Ortstafeln[1] sind in der Regel nicht an den Wegen aufgestellt, die Radfahrer gerne benutzen.

Die vorgeschlagenen Routen tragen den Charakter von Ausflügen und sind so geführt, dass sie möglichst an oder in der Nähe von Restaurants, Ruhe-, Aussichtsbänken (picknicken?) oder Kinderspielplätzen (Symbole in den Skizzen) vorbeiführen. Dabei werden Sie einiges entdecken, das Sie als Autofahrer gar nicht bemerken. Fernab vom Verkehrslärm hört man wieder Vogellaute, die Nase wird mit angenehmen Blütendüften oder anderen Gerüchen verwöhnt, das Auge erfreut sich an schönen Bildern – man fühlt sich einfach gut!

Einige Touren beginnen und enden außerhalb von Aachen. Parkmöglichkeiten für Kraftfahrzeuge werden genannt.

Im „Aachener Verkehrsverbund" (AVV)[2] können Sie Ihr Fahrrad mitnehmen in Bussen & Bahnen, die mit einem Fahrradsymbol gekennzeichnet sind, und zwar montags bis freitags ab 19:00 Uhr, samstags ab 15:00 Uhr sowie an Sonntagen und gesetzlichen Feiertagen ganztägig.

Die EUREGIOBAHN bietet im großzügigen Mehrzweckabteil ganztägig die Mitnahme von Rollstühlen und bis zu sechs Fahrrädern an.

Auch „Die Bahn"[3] verwendet den Slogan: *„Einladen, einsteigen, losfahren und dort aussteigen, wo die Radtour beginnt"*. Viele Nahverkehrszüge können ganztägig in Mehrzweckabteilen Rad und Radler befördern, erkennbar am Fahrradsymbol an den Einstiegen. Solche Waggons befinden sich in der Regel am Zuganfang oder -ende. In normalen Wagen können je zwei *Fahrräder* in den Einstiegsräumen abgestellt werden. Dadurch sollten andere Mitreisende beim Ein- und Aussteigen nicht behindert werden. Und – die Fahrradmitnahme richtet sich auch (noch) nach den zur Verfügung stehenden Plätzen.

---

1 Zeichen 310 und 311 nach § 42 der StVO.
2 Zusätzliche Infos gibt es in den „AVV-Beförderungsbedingungen, Punkt 9.2" (www.avv.de).
3 Alles rund um Bahn & Fahrrad (www.bahn.de).

Damit Sie einen ungefähren Überblick über den Streckenverlauf bekommen, sind den Kapiteln Skizzen vorangestellt.

Folgende Karten sind aktuell, zum Beispiel:

◆ Aachen, Dreiländereck, ADFC-Karte, M = 1 : 75.000
◆ Radwegekarte der Städteregion Aachen „Unterwegs mit Pittchen Pedale", M = 1 : 50.000
◆ Topografische Karte Nr. 5202, Aachen, M = 1 : 25.000
◆ Topografische Karte Nr. 5102, Herzogenrath, M = 1 : 25.000
◆ Fietsen in Zuid-Limburg, Mergelland & Parkstad Limburg, M = 1 : 100.000
◆ Grenzüberschreitende Radwanderrouten, Kempen & Maasland, Midden-Limburg, Kreis Heinsberg, M = 1 : 100.000
◆ VeloTour, Radwanderkarte Ostbelgien, Hohes Venn – Eifel, M = 1 : 50.000
◆ Radwandern im Kreis Düren, Radwanderkarte, M = 1 : 50.000
◆ Radwandern in der Freizeit-Region Heinsberg, Radwanderkarte, M = 1 : 50.000

Auch im Internet können Sie sich ausgezeichnet informieren, zum Beispiel:

◆ Satellitenfotos:
  http://maps.google.com
  http://earth.google.com
◆ Radverkehr NRW:
  www.radverkehrsnetz.nrw.de/
  www.fahrradfreundlich.nrw.de
◆ Freizeit-Region Heinsberg
  www.kreis-heinsberg.de
◆ Radwandern im Kreis Düren
  www.kreis-dueren.de
◆ Radwandern in Ostbelgien
  www.ostbelgien.be
◆ Radwanderwegenetz Süd-Limburg
  www.vvvzuidlimburg.nl

Ich wünsche Ihnen bei Ihren Touren immer „gute Fahrt", schönes Wetter, gesellige Begleitung und viel Freude beim Fahren und Schauen!

K. Voß

Inhalt

Inhalt

TOUR 1

Aachen aus der Vogelperspektive

Aachen – Soers – Strangenhäuschen – Würselen – Kaninsberg – Haarener Kreuz – Haaren – Aachen, etwa 29 km

Start und Ziel: Aachen, Markt/Jakobstraße

Verlassen Sie den Markt und das Rathaus in westliche Richtung. Nach der nächsten Kreuzung kommen Sie in die **Jakobstraße** und sind bald an der Einmündung der **Klappergasse**.

„Wehrhafter Schmied" Denkmal von Karl Burger (1909)

Dort treffen Sie auf eine abgesicherte Baugrube der STAWAG, in der Archäologen ein Mauerfundament aus dem 9. bis 10. Jahrhundert und ein weiteres aus dem 15. Jahrhundert freigelegt haben, Teil eines Mühlgerinnes der Brudermühle. Ausführliche Erklärungen finden Sie auf einer Infotafel[1]. Hinter dieser Straßeneinmündung vor dem Haus Nr. 19 (Kloster der Schwestern vom armen Kinde Jesu) steht das Denkmal des „Wehrhaften Schmiedes". 1278 töteten hier im Kampf für ihre Freiheit wehrhafte Aachener den Grafen Wilhelm IV. von Jülich sowie dessen Söhne. Ferner befindet sich hinter dem Denkmal an dieser Hauswand eine Gedenktafel „1933-1945 Wege gegen das Vergessen"[2] mit dem Hinweis auf etwa 50 Aachener Zeugen Jehovas, von denen jeder Zehnte seinen aktiven Widerstand gegen den NS-Staat mit seinem Leben bezahlen musste. Eine andere Tafel berichtet, dass hier von 1801-1806 die erste Vorgängerdienststelle des Landesvermessungsamtes untergebracht war, das Topografische Büro der napoleonischen Kartenaufnahme.

---

1 Es entsteht hier durch Förderung der STAWAG demnächst ein dauerhaftes „Archäologisches Fenster".

2 43 Denkmaltafeln dieses Projekts sind zum Teil schon platziert oder die Recherchen hierzu noch nicht abgeschlossen.

Sie folgen der Jakobstraße über die nächste Ampel hinaus, sehen halblinks voraus den Turm der Jakobskirche hoch in den Himmel ragen und biegen aber vorher an der **ersten** Straße nach **rechts** in die **Deliusstraße** ein. Schon nach wenigen Metern erkennen Sie an der rechten Straßenseite einen bis an die Mauerstraße gebauten, bemerkenswerten Gebäudekomplex mit einer ansprechenden Front.

Sie finden hier ein hübsches Wohnviertel, nach 1980 entstanden aus dem ehemaligen Fabrikgebäude und -gelände der einst größten Aachener Textilfabrik Carl Delius[3] mit etwa tausend Beschäftigten bis 1932 (Zahlungsunfähigkeit nach der Weltwirtschaftskrise). Nach dem Zweiten Weltkrieg wurden hier sowohl Nahrungsmittel als auch Schokolade produziert.

Fahren Sie hier aber nicht nur geradeaus – zu empfehlen ist ein Weg nach rechts durch die zweite große **Grundstückseinfahrt**. Dann befinden Sie sich in einem ruhigen Wohnumfeld und gelangen nach links in die **Kuckhoffstraße** und in deren Verlauf in die **Mauerstraße**.

Ruhige Wohnlage
Kuckhoffstraße

Die Straße wurde nach dem Dichter und Schriftsteller Adam Kuckhoff (*1887) benannt, der wegen seines Widerstandes gegen die Nazidiktatur 1943 hingerichtet wurde.

---

3 Weitere Infos in Aachener Stadtführer „Aachener Spaziergänge Band 4" – Die neue Altstadt – Seite 57, erschienen im Meyer & Meyer Verlag.

Schöne Häuser in der Mauerstraße

In der Mauerstraße steuern Sie **nach rechts**, danach **geradeaus** über die Lochnerstraße wieder in die Mauerstraße mit einigen schönen Hausfassaden. Am Ende biegen Sie bei einem kleinen Platz rechts ein in die **Königstraße**.

*Hier, auf diesem **Anna-Sittarz-Platz,** steht ein Kiosk; an seiner Hauswand hängt eine Projekttafel „1933-1945 Wege gegen das Vergessen". Berichtet wird von der ehemaligen kommunistischen Stadträtin Anna Braun-Sittarz und ihrem Widerstand gegen die NS-Machthaber. Im März 1945 gründete sie mit anderen die von Aachen ausgehende Freie Deutsche Gewerkschaftsbewegung; sie starb 1945 bei einem Autounfall. Gegenüber, am Haus Königstraße Nr. 47, befindet sich eine Steintafel „Geburtsstätte der Gräfin von Harscamp, geb. Isabella Brunelle, *3.9.1724 – †8.5.1805, Urheberin vieler Milder Stiftungen für diese Stadt".*

An der Ampel nach **links** in den **Templergraben** abbiegend, kommen Sie bald an Gebäuden der RWTH[4] Aachen vorbei. Bevor Sie an der nächsten Ampel nach **links** in die **Wüllnerstraße** abbiegen, achten Sie auf den Bau[5] des neuen „Studentischen Service Centers" zwischen dem Hauptgebäude und der Unibibliothek.

In dem Gebäude wird ein innovatives und umweltfreundliches Energiekonzept sowohl für Heizung als auch Kühlung umgesetzt. Vor Baubeginn wurde etwa 2.500 m tief gebohrt und eine Erdwärmesonde eingebracht. Im äußeren Stahlrohr fließt kaltes Wasser in den Untergrund, erwärmt sich auf etwa 70° C und wird über das Innenrohr nach oben gepumpt. Als erneuerbare Energie genutzt, gelangt das abgekühlte Wasser als geschlossenes System wieder in die Sonde zurück.

---

4 Rheinisch-Westfälische Technische Hochschule.
5 Baubeginn 2006.

In der Wüllnerstraße folgen Sie der Route des Radverkehrsnetzes NRW mit den Zielen **Herzogenrath/AC-Laurensberg**. Die große Kreuzung mit Ampelanlage überqueren Sie nach **halbrechts** in die **Turmstraße** und fahren bis zur Kreuzung **Roermonder Straße**. In der **Rütscher Straße** gegenüber setzen Sie die Fahrt fort und kommen an einem Hochbunker vorbei.

Luftschutzbunker des Zweiten Weltkrieges in der Rütscher Straße

An diesem Bunker erinnert eine Gedenktafel daran, dass für Aachen am 21.10.1944 die Naziherrschaft endete, dann Freiheit und Demokratie begannen. Eine andere berichtet davon, dass der letzte Kampfkommandant der Wehrmacht in Aachen gemäß den nationalsozialistischen Befehlen ausharrte, obwohl das Ende des Krieges schon abzusehen war. Dieses Verhalten kostete in der letzten Kriegswoche in Aachen noch vielen Menschen das Leben.

Auf der Rütscher Straße kommen Sie noch an den vier Hochhäusern der *Studentenwohnanlage* des *Studentenwerks Aachen* vorbei und über die westlichen Ausläufer des Lousbergs (etwa 263 m ü. NN) in Richtung Soers. Die Bebauung endet hinter einem unvollendeten Neubau[6]. Hier sollten Sie den schönen Ausblick in das Tal der Soers genießen, bevor Sie die Rütscher Straße (Achtung, quer verlaufende Straßenschäden!) zwischen landwirtschaftlichen Nutzwiesen schnell bergab fahren. Unten gelangen Sie zu einer Brücke über den Wildbach.

Sein Wasser wurde für die im rechts liegenden Gebäudekomplex der Speckheuer Schleifmühle (ehemals auch Kupfer-, später Nadelschleif- sowie Polier- und Walkmühle) und danach für die Tuchfabrikation zum Wollspülen und Färben genutzt. Bis 1959 existierte hier noch die Streichgarnspinnerei Wüller.

6 Beschildert als: „Exclusive Stadtvillen im Landschaftsschutzgebiet Aachen-Lousberg".

Blick vom Ausläufer
des Lousbergs
(Rütscher Straße) in
die Soers

Überqueren Sie den Bach, der Ihnen nun linksseitig munter entgegenplätschert und später bei einer leichten Straßenkurve nach links neben alten Kopfweiden in seinem Zulauf gestaut wird. Bald sind Sie an der **Schlossparkstraße**, biegen **rechts** ab und gelangen schnell zur nächsten Querstraße. **Nach links** geht es für Sie weiter in Richtung **Ferberberg**.

Später geht es ein wenig bergauf. Bald werden die Geräusche der nahen Autobahn (BAB) lauter. Unmittelbar vor der Brücke über die BAB folgen Sie den Pfeilwegweisern des Radverkehrsnetzes NRW nach **rechts** in den **Sonnenweg**.

Auf diesem Weg fahren Sie voran, rechts liegt *Gut Sonne*. Lassen Sie sich vom Lärmpegel der BAB nicht beeinflussen – genießen Sie lieber die Fernblicke auf den Lousberg, das Reitstadion in der Soers oder andere Sehenswürdigkeiten. Bei leichtem Gefälle und nach etwa 600 m, am Ende einer Weide, macht der Sonnenweg eine **Rechtskurve**. Nun geht es stärker bergab, rechts befindet sich ein Reiterhof und später ein größerer Gebäudekomplex (ehemalige Soerser Mühle). Hier überqueren Sie wieder den Wildbach, der nach links fließt und bei der Kläranlage in die Wurm mündet.

Ihr Weg endet an der **L 244, Soerser Weg**, der Sie auf dem Rad-/ Gehweg etwa 100 m nach **rechts** folgen. An der Verkehrsinsel überqueren Sie die Fahrbahn nach links und gelangen auf den Rad-/ Gehweg des **Eulerswegs**. Auf der Weiterfahrt fällt Ihnen links bestimmt die Mauer der Justizvollzugsanstalt auf. Sie gelangen an die **B 57**, Krefelder Straße, die Sie mithilfe einer Bedarfsampel sicher passieren können. Den Radweg benutzen Sie **nach links**, überqueren noch die *Wurm*. An der Ampel nach[7] **rechts** abbiegen in die

---

7 Sie verlassen hier die beschilderte Route des Radverkehrsnetzes NRW, um vom starken Verkehr auf der B 57 einigen Abstand zu gewinnen.

Straße **Strangenhäuschen**. Nach kurzer Fahrt beginnt **links** die **Friedenstraße**. Hier geht es neben einem Wiesengelände leicht bergauf voran bis zu einer asphaltierten Straße mit dem Straßennamensschild **Friedenstr. 111**. Hier radeln Sie nach links und unter der Autobahn hindurch; rechts ist die Trasse der ehemaligen Bahnstrecke[8] Aachen-Nord nach Würselen kaum noch zu erkennen.

Sie sind jetzt wieder auf einer beschilderten Route des Radverkehrsnetzes NRW, richten sich hinter dem Reiterhof auch nach den Zeichen und treffen dabei auf den von der B 57 kommenden Weg. Hier machen Sie den **Rechts-Linksschwenk** mit und fahren einen schönen Streckenabschnitt vielfach unter Bäumen bequem aufwärts nach Würselen, Richtung Herzogenrath/Würselen, **Knotenpunkt**[9] Nr. 74. An einer Steigung im Verlauf einer Links-/Rechtskurve weicht der Weg einem Feuchtbiotop aus. Sie kommen hier an einer rechts liegenden Schutzhütte vorbei, eine zweite folgt später. Zwischenwegweiser begleiten Sie. Bald erkennen Sie auf der linken Seite eine Grünanlage, den Stadtgarten von **Würselen**.

Wege führen hinein, auf einem kleinen Hügel steht als Industriedenkmal eine neun Tonnen schwere und 6,30 m hohe Seilscheibe, die beim Eschweiler Bergwerks-Verein jahrelang bei der „Seilfahrt" Bergleute und Material transportierte. In ihrer Sichtweite befindet sich auch ein schöner Kinderspielplatz.

Industriedenkmal aus der Zeit des Steinkohlenbergbaus in der Region

---

8 Im Folgenden verläuft Ihre Route auf oder neben der ursprünglichen Bahnstrecke.
9 Künftig KP.

Vogelperspektive Aachen
vom Haarbergkreuz

Würselen wurde erstmals urkundlich im Jahr 870 erwähnt als Worm-salt, benannt nach einem der zahlreichen königlichen Bauernhöfe, nachdem Karl der Große Aachen zu seinem bevorzugten Wohnsitz gemacht hatte. Nach einer wechselvollen Geschichte tauchte 1616 in einer Urkunde der Name Wurselen auf. Seitdem existiert auch oder nur noch die Bezeichnung Würselen. Ab 1815 gehörte der Ort zum Kreis Aachen und erhielt 1924 die Stadtrechte. 1944 wurden sehr viele Gebäude bei einer schweren Bombardierung zerstört. Einige Wochen bis zum 18. November war Würselen Hauptkampflinie zwischen deutschen und amerikanischen Truppen. Seit 1972 gehören auch die Gemeinden Bardenberg und Broichweiden zu Würselen.

Lärm- und witterungs-geschützter Radweg an der L 23 in Würselen

Sie setzen Ihre Fahrt in der alten Richtung fort und erreichen den **Markt**. Dem Routenwegweiser, **Eschweiler/Herzogenrath** und KP Nr. **74**, folgen Sie zuerst wenige Meter nach **links** in die **Neuhauser Straße,** die unmittelbar nach rechts in der **Kaiserstraße** endet. Diese große Kreuzung überqueren Sie in die gegenüber beginnende **Friedrichstraße**. Zwischenwegweiser leiten Sie nun hinüber in die **Friedrichstraße**, später **Wilhelmstraße** (neben der ehemaligen Bahntrasse) sicher zum **KP** Nr. **74**. Hier orientieren Sie sich nach **rechts** an der Beschilderung **Stolberg/Aachener Kreuz**, Richtung **KP** Nr. **85**. Ein gut ausgebauter Radweg führt Sie abgeschirmt neben der L 23, dem **Willy-Brandt-Ring**, nach **Broichweiden** (auch als „*Wasserburgen-Route*" definiert) zu der großen Kreuzung an der **Hauptstraße** mit Verkehrsampel. Als Radfahrer/Fußgänger müssen Sie für die **Geradeausfahrt** die Ampel bedienen.

Sie bleiben auf dem Radweg neben der Schnellstraße (jetzt K 30), die um das Gewerbegebiet „Aachener Kreuz" als Willy-Brandt-Ring herumführt und in einem großen Kreisverkehr endet. Das ist die **Verlautenheidener Straße**, der sie nach **links** folgen, dabei die BAB 4 unter- und die BAB 544 überqueren. Dann sind Sie schon in **Verlautenheide** und treffen auf eine **Fußgängerampel**. Hier fahren Sie mithilfe der Ampel sicher **nach rechts** in den **Heider-Hof-Weg**, es geht durch ein Wohngebiet, an einer Schule, einem Friedhof, einem Sport- und Tennisplatz vorbei, wo der Heider-Hof-Weg eine Rechtskurve macht. Auf einer **hohen Brücke** geht es jetzt über die BAB 544 hinweg. Gönnen Sie sich nach links einen großartigen Fernblick auf Aachen! Am nächsten Weg biegen Sie nach **links** ab.

Auf der linken Wegseite werden Sie von Baumbestand, auf der rechten Seite von landwirtschaftlichen Flächen begleitet. Rechts

treffen Sie in etwa 240 m ü. NN auf eine Schutzhütte. Das Naher-
holungs- und Landschaftsschutzgebiet Haarberg ist hier ausgewiesen. Eine Infotafel gibt mit Abbildungen und Erklärungen ausführ-
lich Auskunft.

*Wenn Sie einen wundervollen Ausblick auf das im Wurmtal liegen-
de Aachen und seine Umgebung genießen möchten, dann fahren Sie
den hier rechts abgehenden Weg etwa 300 m aufwärts bis zum Haarbergkreuz, einem 1972 errichteten, 15 m hohen Stahlkreuz. Auch ein
Blick zurück auf das gerade durchreiste Gewerbegebiet lohnt sich. In
der Ferne ragen die Abraumhalden des ehemaligen Steinkohlenbergbaus malerisch in den Horizont.*

Für die Weiterfahrt in Richtung Haaren rollen Sie wieder bis zur
Schutzhütte und dort nach **rechts**. Diesen Weg (später **Lindenweg**) fahren Sie. Nach einer Rechtskurve geht es steil (Haar-)berg-
ab. Gute Bremsen sollten Sie schon haben! Genießen Sie auch hier
wunderschöne Ausblicke oder bei rasanter Abfahrt den Eindruck,
als flöge man dem Ort Haaren entgegen.

Unten endet der Lindenweg an der **Tonbrennerstraße**, in die Sie
nach **links** abbiegen. Bald überqueren Sie die Straße **Haarener
Gracht**. Die **Akazienstraße** beginnt hier, der Sie folgen bis an die
Querstraße **Auf der Hüls**. Hier schwenken Sie nach **links** und

Weiher im Park des
Wurmbaches bei Haaren

nach **rechts** in die schräg gegenüber beginnende **Hofenburger Straße**. Bleiben Sie auf ihr in diesem Wohngebiet; sie endet bei einem spalierartigen Hindernis, das ein zügiges Weiterfahren/ -gehen über einen **unbeschrankten Bahnübergang** unmöglich macht. Denn – auf dieser Bahnstrecke findet Werksverkehr statt!

Nach dem Übergang befinden Sie sich in der hier endenden Neuköllner Straße und fahren auf dem Geh-/Radweg nach rechts. In die rechts liegende Grünanlage steuern Sie hinein und gelangen über ein Brückchen hinweg zu einen Teich, an dem sie links entlangradeln. Schon nach wenigen Metern treffen Sie auf die Wurm; Pfeilwegweiser des Radverkehrsnetzes NRW leiten Sie flussaufwärts in Richtung Vaals (NL)/Markt/Dom (Zentrum). Dabei fahren Sie unter dem (neuen) Berliner Ring hindurch, dort sofort die steile Ufer- bzw. Straßenböschung hinauf, auf den Radweg des „alten" Berliner Ringes. Sie folgen dieser Route nach links, die Sie bald wieder an die jetzt kanalisierte Wurm heran- und zurückbringt. Wenn auf der linken Wegseite ein Gehölz beginnt, könn(t)en Sie mit einem Blick zurück das Kreuz auf dem Haarberg erkennen.

Bald überqueren Sie an der **Talbotstraße** auf einer Brücke die Wurm und biegen danach **links** in den Weg ab, der nun rechts neben dem Bach stadteinwärts verläuft. Nach etwa 200 m sehen Sie links der Wurm *Gut Kalkofen* liegen. Geradeaus ragt schon das Hochhaus am **Europaplatz** empor.

**Skulptur & Spielgeräte
auf dem dem Rehmplatz**

Am Ende des Weges müssen Sie noch einmal eine kurze, ansteigende Böschung hinauf – und dann stehen Sie auf dem Verteilerkreis mit seinen Fontänen im Zentrum.

Nach **rechts** zeigen hier die **Schilder**. Den Kreisverkehr verlassen Sie an der **zweiten** Ausfahrt in Richtung **Blücherplatz**. An den beiden Fußgänger-/Radfahrerampeln wechseln Sie nach **links**, nach **gegenüber**, auf den anderen Straßenabschnitt des Blücherplatzes. Hier fahren Sie nach rechts auf dem zweigeteilten Radweg, der Sie auf einem gemeinsamen Geh-/Radweg (entgegen der Einbahnstraßenrichtung der Fahrbahn) in die **Sigmundstraße** bringt. Die **Sigmundstraße** quert mit einem **Rechts-Linksschwenk** die **Hein-Janssen-Straße**. Über die **Rudolfstraße** fahren Sie auf den **Rehmplatz**, auf dem sich auch ein Kinderspielplatz befindet. An seinem Ende müssen Sie nach **links** in die **Ottostraße** und sofort wieder nach **rechts** in die **Maxstraße**; Sie kommen danach zur **Heinrichsallee**.

Die Heinrichsallee kreuzen Sie an der Verkehrsampel geradeaus in die **Promenadenstraße**, die Sie auf einem gemeinsamen Geh-/Radweg an der rechts liegenden Synagoge vorbei auf den **Willy-Brandt-Platz** bringt. Dort beginnt **rechts** die **Blondelstraße**, die Sie an ihrem Ende nach links in die **Peterstraße** verlassen. Dann sind Sie am **Friedrich-Wilhelm-Platz** (Elisenbrunnen) eingetroffen.

Die schon bekannten Wegweiser des Radverkehrsnetzes NRW zeigen Ihnen nach rechts durch die **Hartmannstraße** die letzten Meter zum Ausgangspunkt dieser Radtour an. Am Ende der Hartmannstraße geht es nach links über den **Münsterplatz** weiter, durch die **Schmiedstraße**, über den **Fischmarkt**, die Klostergasse, jetzt **Johannes-Paul-II.-Straße**, zum **Markt**.

Gutes Fahren!

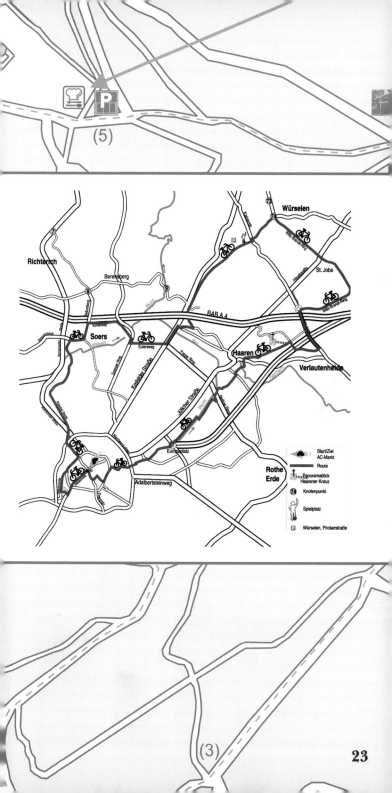

TOUR 2

Ein „Schlüsselerlebnis" im Aachener Westen

> **Aachen – Uniklinik – Melaten – Avantis – Locht – Horbach – Richterich – Laurensberg – Aachen, etwa 30 km**

Start und Ziel: Aachen, Markt/Jakobstraße

Verlassen Sie den Markt und das Rathaus in westliche Richtung. So kommen Sie in die Jakobstraße und folgen dem Schild des Radverkehrsnetzes NRW mit den Zielen **Herzogenrath/Vaals (NL)**. Schon nach wenigen Metern biegen Sie rechts in die **Judengasse** ab. Ein sanftes Gefälle bringt Sie schnell an eine Querstraße, **Annuntiatenbach** genannt.

Offener Lauf des Johannisbaches auf dem Lindenplatz

Hier treffen Sie auf eine offene Rinne, in der seit Juni 1999 der Johannisbach wieder oberirdisch mit einer Tiefe von etwa 6 cm fließt. Das ist in etwa sein ursprünglicher Lauf, jetzt in einer Länge von etwa 500 m vom Lindenplatz[1], durch den Augustinerbach bis zur Pontstraße wieder oberirdisch. Der Johannisbach ist zuerst „Am Hasselholz" zu beobachten; hier entspringt er aus verschiedenen Grundwasserstellen. Richtung Stadt folgt er, offen fließend, etwa der Linie Hanbrucher Weg durch Grünanlagen. Am Pottenmühlenweg/Im Johannistal beginnt sein verrohrter, unterirdischer Innenstadtbereich. In den vergangenen Jahrhunderten wurde er durch die Besiedlung und Industrialisierung sehr stark verschmutzt. Nach einer Choleraseuche in Aachen fließen ab 1886 alle Bäche im Stadtgebiet unterirdisch.

Sie biegen nach links ab, überqueren den **Lindenplatz** und fahren die **Johanniterstraße** aufwärts. Oben geht es geradeaus weiter in die **Lochnerstraße**, unter der Brücke der Bahnlinie Aachen-Mönchengladbach hindurch. Dann kreuzen Sie die Junkerstraße (B 1a). Die Lochnerstraße endet am **Westpark**. Da hinein müssen Sie.

---

1 Hier befindet sich eine Infotafel des Ökologie-Zentrums Aachen e. V. mit ausführlichen Darstellungen zum Johannisbach.

Sonnenaufgang im Westpark

Die Lochnerstraße wurde nach dem Aachener Tuchfabrikanten Emil Lochner benannt, der sich um 1882 für die Gründung eines Aachener Zoos stark machte. Erworben wurde vor dem Junkerstor ein großes Wiesengelände, das wegen seiner vielen Obst- und Kirschbäume „Kirschbenden" hieß. Es wurden fantastische Parkanlagen und ein großer Glaspalast errichtet, der bis zu 3.000 Besucher fasste. 1896 konnten bei einem Vortrag des Pfarrers Kneipp nicht alle Interessenten eingelassen werden. Anfangs wurde die Anlage „Lochnergarten" genannt, später wegen der gleichnamigen Straße aber „Zoologischer Garten". Bis 1905 gab es in diesem Palast unzählige Veranstaltungen, die immer große Menschenmengen anzogen. Dann wurde der Zoo geschlossen, weil man das Geld für die teure Unterhaltung seiner Tiere nicht mehr erwirtschaften konnte.

Im Ersten Weltkrieg war im Glaspalast ein Lazarett und Erholungsheim für Soldaten eingerichtet worden. 1917 aber wurde das Glashaus durch einen Großbrand total zerstört. Im Jahre 1920 wurde der Park unter dem Namen „Westpark" wieder eröffnet und 1922 ein neuer, aber wesentlich kleinerer „Glaspalast" gebaut. Auf dem Weiher im Westpark konnte man wieder Kahnfahren. Ab 1935 wurden hier in einem Tierpark einheimische Tiere gehalten; die meisten wurden 1944 bei einem Bombenangriff getötet. Nach Ende des Zweiten Weltkriegs wurden die restlichen Bauten abgerissen. Und heute ist der Westpark eine Grünanlage mit größerer Wiese. Im Sommer ist hier Platz für Theateraufführungen, Sonnenanbeter oder spielende Kinder. Unter dem kleinen Hügel dort sollen sich Trümmerreste befinden.

Der Routenbeschilderung (Vaals)[2] folgend, verlassen Sie den West-
park am Weiher vorbei nach Westen; schön ist es im Park – auch zur
Kastanienblüte oder im Dezember, kurz nach Sonnenaufgang.
Überqueren Sie dann die Welkenrather Straße in die **Weststraße**.
Auf ihr fahren Sie weiter, unter der Brücke Halifaxstraße hindurch,
bis zur **Vaalser Straße**.

Pflanzenpracht im Westpark

Nun befinden Sie sich auf der Bundesstraße 1, die einmal als
Reichsstraße 1 vom Grenzübergang in Vaalserquartier bis nach
Eydtkuhnen an die deutsch-litauische Grenze führte und knapp
1.400 km lang war. Auf Teilen dieser Strecke sollen schon vor etwa
2.000 Jahren Römer und Germanen Handel betrieben haben.

Hier fahren Sie auf dem Radweg nach **rechts**, die Radschilder zeigen unter anderem nach Vaals (NL). Es geht unter der Brücke der
Güterzugbahnlinie (Aachen-West – Belgien) und danach auch unter
der den Westfriedhof 1 mit dem Westfriedhof 2 verbindenden Fuß-
gängerbrücke weiter. An der Ampel noch geradeaus, dann aber biegen Sie auf dem Rad-/Gehweg rechts ab in den **Pariser Ring**.
Weiter oben treffen Sie auf die **Valkenburger Straße**. Über diese
große Kreuzung fahren Sie hier nach links und sogleich nach halbrechts der Beschilderung **Uniklinik** folgend, bis Sie auf die Querstraße, die **Pauwelsstraße**, treffen. Links voraus sehen Sie die Uniklinik liegen; Sie aber fahren über die Pauwelsstraße hinweg in den
Rad-/Fußweg zwischen dem Gebüsch und dem rechts stehenden
Gebäude (Helmholtz-Institut).

---

2 Radverkehrsnetz NRW.

Auf diesem Weg geht es zuerst abwärts und dann in kleinen Kurven am großen Klinikgebäude vorbei weiter. Sie treffen am Ende neben dem parallel verlaufenden Helmertweg auf den **Schneebergweg**, an dem das **Gut Melaten** liegt.

Gut Melaten liegt an der ehemaligen Königstraße „via regia" (Aachen-Maastricht) außerhalb der Stadt und diente einst der Unterbringung von Leprakranken. Lepra gab es in Mitteleuropa seit etwa dem 9. Jahrhundert, die dann im 16. Jahrhundert wieder verschwand. Auch andere wurden hier einquartiert, wenn sie an auffälligen Erkrankungen litten. Die Betroffenen lebten von der Landwirtschaft sowie vom Betteln an dieser Straße und wohnten vielleicht in hölzernen Hütten. Als Tote wurden sie hinter der Kapelle auf einem Friedhof beerdigt, auf dem auch vereinzelt Hingerichtete als „Sonderbestattung" beigesetzt wurden. Heute gehört Gut Melaten zur Rheinisch-Westfälischen Technischen Hochschule Aachen.

Von hier fahren Sie wenige Meter **nach rechts** zum **Worringer Weg,** von dem schon bald vor ein paar Treppenstufen nach links der **Rabentalweg** abzweigt. Auf diesem Weg geht es jetzt weiter. Links Ihres Weges liegt die *Rabentalwiese* mit einem Versuchsteich in einem Landschaftsschutzgebiet. Nutzen Sie eine Lücke in der Hecke und werfen einen Blick von dieser Wiese auf die Rückseite der Uniklinik.

Ein weißes Betongebäude (ehemals eine Pumpenstation) mit neu angepflanzten Spalierobstbäumen lassen Sie bei der Weiterfahrt rechts liegen. Bei einem von links einmündenden Wirtschaftsweg befindet sich in einem Naturschutzgebiet ein Weiher, in dem man

Windstille im Rabentalweg

häufig Reiher bei ihrer Nahrungssuche beobachten kann. Der Rabentalweg verläuft jetzt durch Felder und Wiesen bis zur **Schurzelter Straße**; voraus in der Ferne auf einer Anhöhe sehen Sie schon Ihr nächstes Ziel liegen, den **Schlangenweg**.

Paradiesische Nahrungsquelle für Reiher

Der Schlangenweg führt Sie zwischen dem Platz des *Aachener Golf Clubs 1927 e. V.* und Feldern kurvenreich aufwärts. In der letzten Linkskurve lädt auch eine Bank zum Verweilen ein. Ein Ausblick auf Aachens Umgebung lohnt sich. Die nächste Bank mit noch schöneren Panoramen (bis in die Eifel) ist aber nicht mehr fern. Sie steht an der Kreuzung mit dem **Herzogsweg**.

Goldgelber Sinnesrausch

Schon im Altertum gewann man Öl für Lampen auch aus Raps. Erst sehr viel später wurde Rapsöl wegen seiner wertvollen Inhaltsstoffe auch für die menschliche Ernährung interessant. Während der Rapsblüte kann man die fleißigen Bienen sehen und hören, den Honig fast riechen; Viehfutter und Biodiesel sind weitere wertvolle Inhaltsstoffe.

Sie fahren auf dem Schlangenweg noch bis nach oben. Eine offene Landschaft liegt nun vor Ihnen, nach rechts hinüber erkennen Sie am Horizont eine Vielzahl von Windkraftanlagen – dorthin sollten Sie radeln. Deshalb biegen Sie **rechts** in den **nächsten** Fahrweg ein und an der folgenden Kreuzung wieder nach **links**.

Eine gute Fahrstraße leitet Sie durch Felder und Wiesen. Auf ihnen bemerken Sie zwei tumulusartige Erhöhungen. Das sind heute zugeschüttete, gesprengte Bunker[3] des ehemaligen Westwalls. Eine Höckerlinie nahebei ist von der Natur zurückerobert und fast zugewachsen.

Heute nicht mehr sichtbare Reste eines Westwallbunkers

Diese zum Westwall gehörende Höckerlinie wurde in den Jahren 1938/39 errichtet und offiziell „Eisenbetonhöckerhindernis" genannt. Dazu gab es etwa 14.000 Bunker und Stollen. Zwischen Arnheim und Straßburg sollte diese Anlage durch ihre Bauweise insbesondere das Weiterfahren von Fahrzeugen und Panzern behindern oder unmöglich machen. Vorn gab es eine Betonmauer mit Stahlpfosten als Haltevorrichtungen für einen Stacheldrahtverhau, um Fußtruppen zu stoppen. Die Höcker sind aus Stahlbeton und wurden von den Alliierten „Drachenzähne" genannt. Sie sind im Allgemeinen noch außergewöhnlich gut erhalten.[4]

---

3 Das Foto wurde im Juli 2003 aufgenommen.
4 Die Überwindung dieser Anlage wird in dem Buch „Der Zweite Weltkrieg zwischen Maas und Rur", 1. Kapitel Westwall-Durchbruch bei Aachen, Seite 9 folgende beschrieben. Franz Joseph Küsters; Meyer & Meyer Verlag, 1995.

Auf dieser Strecke geht es bequem abwärts. Auch Fasane und Reb-
hühner kann man beobachten, im Frühjahr dem Gesang der Ler-
chen lauschen. Vielleicht bremst auch (zu starker) Gegenwind Ihre
rasche Fahrt? Da wäre es doch interessant, die genaue Windgeschwindigkeit zu erfahren! Deshalb biegen Sie an der Querstraße,
der **Nonnenhofstraße** (K 2), rechts ab. Die K 2 verlassen Sie bald
in der leichten Rechtskurve nach **links** oder **geradeaus** in den
Ochsenstock heißenden Fahrweg, genau auf die Windkrafträder
zu. Dabei bewältigen Sie die leichte Steigung häufig durch angenehmen Rückenwind. Auf der Kuppe treffen Sie auf die Anlage Num-
mer zwei, die am Mastende eine Kabine hat, zu der eine Wendel-
treppe (296 Stufen) führt; Besichtigungen sind sonntags nach
Anmeldung möglich.

*„Windfang“ heißt diese Windanlage. Sechs Kinder aus Orsbach hat-
ten diesen Namen in einem Wettbewerb vorgeschlagen. Am
10.11.2001 wurde er vergeben, die Kinder erhielten dafür mit einer
Urkunde den Ersten Preis.*

*Im Betriebscontainer hier werden alle momentanen Leistungsda-
ten von „Windfang“ auf einer Schalttafel angezeigt, unter anderem
Windgeschwindigkeit in Metern pro Sekunde, Drehzahl, Leistung,
Arbeit. Wenn Sie die Windgeschwindigkeiten ablesen, so sieht man,
dass sie schwanken. Bei welcher Geschwindigkeit sollte man als Radler eigentlich wieder umkehren?*

*Bei einem drahtlosen Fahrradtacho konnte man hier beobachten,
dass bei stehendem Rad Fahrgeschwindigkeiten zwischen etwa
30-99 km/h „gefahren“ wurden. Einmal dort zufällig angetroffene
Wartungsbedienstete auf dieses Phänomen angesprochen, konnten es
nicht erklären. Impulse eines elektrischen Weidedrahtzauns neben
der Fahrspur bewirkten auch Fehlanzeigen.*

Sie fahren hier weiter; lassen Sie sich aber bei Sonnenschein nicht
von den wandernden Schattenbildern der drehenden Rotorblätter
beeindrucken. Später bergab und eine zugewachsene Höckerlinie
kreuzend, treffen Sie unten auf die quer verlaufende Autobahn A 4
Aachen-Antwerpen. Die **Parallelstraße** hier nutzen Sie nach
links. So kommen Sie zu einer Brücke, die Sie rechts über eine
Eisenbahnlinie[5] führt.

*Verharren Sie aber auf der Brücke und schauen nach links auf die
Gleise. Nicht weit von hier entdecken Sie auf beiden Seiten in der
steilen Böschung eine jetzt vom Pflanzenwuchs befreite Höckerlinie.*

---

5 In der Sommersaison fährt hier die Niederländische Museumseisenbahn bis zum Halte-
punkt nach Vetschau.

Wenn Sie die wenigen Meter über eine Wiese dorthin gehen, werden Sie zwischen einzelnen Höckern gewaltige Baumstümpfe entdecken – „Natur in etwa 70 Jahren"!

n der Vegetation befreiter Abschnitt
er Höckerlinie des Westwalls

Hinter der Brücke folgen Sie auch diesem Weg und überqueren bald bei vier weißen Pfosten auf diesem **Akerweg** die Grenze zu den Niederlanden. Schnell sind Sie in **Bocholtz**, Gemeinde Simpelveld. In die erste Straße nach rechts, die **Overhuizerstraat**, fahren Sie und an deren Ende noch einmal rechts.

Jetzt haben Sie das alte Landgut „Overhuizen" erreicht, zuerst im Jahr 1330 urkundlich erwähnt. Es gibt die eigene Hauskapelle „Capella Domestica", die für jedermann geöffnet ist. Eine Infotafel bietet Einzelheiten.

Bis hierher haben Sie etwa 12 „interessante" Kilometer zurückgelegt; es gibt aber noch viel zu sehen! Mit dem großen Toreingang im Rücken blicken Sie nach vorn auf den leicht ansteigenden **Preutersweg**, den Sie nun befahren müssen. Er führt oben an der rechts liegenden Autobahntank-/Raststelle „Tienbaan" der A 76 (NL) in einem Linksschwenk vorbei, weiter bergab an einem rechts liegenden Anglergewässer entlang auf den **Stevensweg** (schon Heerlen). Nach rechts und unter der Autobahn her geht es voran auf einem zweispurigen Radweg zum höher gelegenen Kreisverkehr, der **Avantisallee**. Der Kreis und die fortführende Straße hier sind in Schlüsselform angelegt.

**Hauskapelle
im Landgut
„Overhuizen"**

Info-Säule in „Avantis" mit nachgezeichnetem, charakteristischem Straßenverlauf

Mit Avantis verbindet sich ein niederländisch-deutscher Gewerbepark. Hier erkennt man zur Zeit gute Straßen, Radwege und andere Wege sowie gepflegte Wiesen und Äcker. Drei größere Gebäudekomplexe[6] sind bisher gebaut worden – noch genügend Platz für weitere? Der Straßenverlauf ist in Schlüsselform ausgeführt und hier auf dem Foto einer Infosäule getönt dargestellt. Avantis wurde vor allem dadurch bekannt, dass der hier vorkommende Feldhamster (Cricetus cricetus) durch dieses Projekt stark bedroht wäre und daher geschützt werden müsste.

Aber Radfahren macht hier Spaß! Auf dem Radweg fahren Sie nach rechts. Nach dem Kreis geht es auf der **Avantisallee** weiter, genießen Sie die Umgebung, vielleicht hören und sehen Sie auf einer Wiese rastende Wildgänse. Jede Jahreszeit hat hier etwas Schönes zu bieten. Bei zwei (neuen) Windkraftanlagen macht Ihr Weg, **Gulperweg**, einen Schwenk nach rechts in den Ort **Locht** mit der gleichnamigen Straße. Sie biegen rechts ab und wenig später befinden Sie sich am ehemaligen Grenzübergang Kerkrade/Duitsland. Wieder in Deutschland sind Sie auf der **Horbacher Straße**, L 231. In dem rechts stehenden Gebäude befindet sich heute das ***Zollmuseum Friedrichs***, das man bei Führungen oder nach Vereinbarung[7] besichtigen kann.

Sie fahren wieder Richtung Aachen zurück, und zwar zuerst nach **Horbach** und dann nach Richterich. Es gibt zwei Möglichkeiten:

◆ Zum einen gelangen Sie auf dem Radweg an der **L 231** in den Ort, vorbei an dem aus dem 11. Jahrhundert stammenden Vierseithof „Gut Rosenberg". Sie treffen **rechts** auf die **Oberdorfstraße** und benutzen sie bis zur **Laurensberger Straße/Alter Heerler Weg;**

◆ zum anderen ohne Autoverkehr auf dem **Alter Heerler Weg**, der etwa 100 m nach dem Museumsgebäude von der L 231 nach rechts abzweigt und durch die Felder verläuft. Der Weg ist befestigt und bei trockener Wetterlage gut befahrbar. Nach einer Regenpe-

---

6 Ein Zeitungsartikel im SUPER SONNTAG vom 25.09.2006 berichtet darüber, dass im April 2007 ein grenzüberschreitendes Forschungszentrum „FEST" (Technologiezentrum für die Anwendung von Silizium) seine Tätigkeit aufnehmen soll.
7 Ausgehängt sind folgende Rufnummern: 0241/9970615 und 0241/14515.

riode könn(t)en sich Vertiefungen, verursacht durch schwere landwirtschaftliche Arbeits- und Zugmaschinen, mit Wasser und/oder
Schlamm gefüllt haben. Dieser Weg endet wie oben in der **Oberdorfstraße** und führt geradeaus in die **Laurensberger Straße**.

*Horbach und Richterich sind schon sehr alt, wahrscheinlich keltische
Gründungen. Bald siedelten die Römer hier, die auch die Straße von
Heerlen nach Aachen durch Horbach und Richterich gebaut haben
sollen. Dann nahmen die Franken das Gebiet ein und kontrollierten
es fortan. In einer Liste über die Einnahmen des Aachener Münster-
stifts aus dem 11. Jahrhundert taucht auch der Ortsname Richterich
auf. Im Zweiten Weltkrieg wurde Richterich kaum zerstört. In der
Neuzeit und mit der kommunalen Neugliederung von 1972 wurden
die Orte nach Aachen eingemeindet.*

Verlassen Sie Horbach durch die **Laurensberger Straße** in Richtung Richterich. Es gibt wieder zwei Varianten:

♦ Nach längerer Trockenzeit sollten Sie an der folgenden Abzwei-
gung **halblinks** in den **Weinweg** abbiegen. Es ist die interes-
santere Strecke. Sie führt anfangs zwischen Wiesen an eine frei
liegende Höckerlinie, dann durch Felder, ein Wäldchen, später
an einer Baumgruppe mit Sitzbank vorbei und auf den **Vetschauer Weg** in **Richterich**. Gegenüber geht es weiter durch
die **Gierstraße**, schöne Wohnhäuser stehen rechts und links.
Am Ende fahren Sie **rechts ab** in die **Grünenthaler Straße**
und von dort weiter in die **nächste** Straße **nach links**, die Sie
an einem stillgelegten und (jetzt) abgesperrten Bauernhof entlang weiterleitet. Rechts liegen ein Sportplatz und eine Parkanlage. An Letzterer folgen Sie dem Linksknick der Straße. Über
eine stillgelegte Bahnlinie mit unbeschranktem Übergang fahren Sie auf dieser Straße **Grünenthal** weiter, bis Sie auf die
Querstraße, **Karl-Friedrich-Straße**, treffen.

♦ Nach vorausgegangener „Regenzeit" sollten Sie auf der Laurensberger Straße bleiben, bis Sie auf den **Vetschauer Weg** in
Vetschau treffen. Den Vetschauer Weg queren Sie hier, die
Laurensberger Straße leitet Sie durch den Ort. Am Ortsende
biegen Sie bei einem Gehöft links ab. Nach kurzer Fahrt durch
Wiesengelände biegen Sie an der **Karl-Friedrich-Straße**
rechts ab, in einer leichten Kurve geht es über eine stillgelegte
Bahnlinie mit unbeschranktem Übergang weiter bis zu der von
links einmündenden Straße **Grünenthal**.

Auf der Karl-Friedrich-Straße fahren Sie nach Laurensberg. Es geht
unter einer Autobahnbrücke hindurch, bis Sie auf die Querstraße,
Laurentiusstraße, treffen. Über sie hinweg fahren Sie auf einem
gemeinsamen Fuß-/Radweg, **An der Rast**, ortseinwärts.

Von Bombemangriffen verschontes Tor der ehemaligen
Lochnervilla

Dabei kommen Sie an einem Kinderspielplatz vorbei, unter einer Eisenbahnbrücke weiter, biegen aber
dahinter nach rechts ab in die Straße **Am Treu** und
treffen auf die **Rathausstraße**. Abwärts folgen Sie
ihr nach links; an der Ampel befahren Sie rechts auf
einem Radweg die **Roermonder Straße** Richtung
Aachen. Sie befinden sich wieder auf einer Routenstrecke des Radverkehrsnetzes NRW. Unter der Brücke der Schnellstraße Toledoring hindurch, an einer
Ampel kreuzen Sie noch die **Kackertstraße** und
biegen an der nächsten Straße nach halbrechts (mit
Routenpfeil) in die **Henricistraße** ab und verlassen
so die verkehrsreiche Roermonder Straße.

*Je nach Windrichtung kann man hier eine Luft atmen, deren
Geruch an Printen- und Schokoladenherstellung denken lässt. Deren
Produktionsstätten befinden sich hier in unmittelbarer Nähe.*

Die Henricistraße führt am Arbeitsamt und Bendplatz vorbei auf
die **Kühlwetterstraße,** ab. Dort biegen Sie **rechts** und in die
nächste **links**, die **Kruppstraße** ab. Sie treffen, auch routenge-
führt, auf die **Turmstraße** und fahren nach **rechts** bis zur Ampel.
An der großen Kreuzung radeln Sie **halblinks** gegenüber in die
Wüllnerstraße. Mit leichtem Gefälle kommen Sie voran, um an
der nächsten Ampel nach **rechts** in den **Templergraben** abzubiegen. Bleiben Sie auf dem sogenannten Grabenring; dann sind Sie
hinter der folgenden Kreuzung schon auf dem **Karlsgraben**.

Auf ihm gibt es auf der rechten Seite noch etwas zu sehen: Das
schöne „Lochner-Tor", Portal[8] zur Lochnervilla, das bei der Bombardierung nicht zerstört wurde.

An der nächsten Ampel erkennen Sie links bestimmt die **Johanniterstraße**, die Sie anfangs schon befahren haben. Hier müssten Sie
nun abbiegen, um schnell wieder an den Ausgangspunkt dieser
Tour zu kommen.

Viel Spaß bei dieser Tour!

---

8 Auf einer Infotafel: 1775 erbaut, vermutlich von Moretti für Tuchfabrikant Heinrich von
Houtem; 1857 von Johann Friedrich Lochner erworben; 2005 restauriert mit Mitteln der
Neumann & Esser Stiftung der Familie Peters in Zusammenarbeit mit verschiedenen Ämtern für
Denkmalpflege.

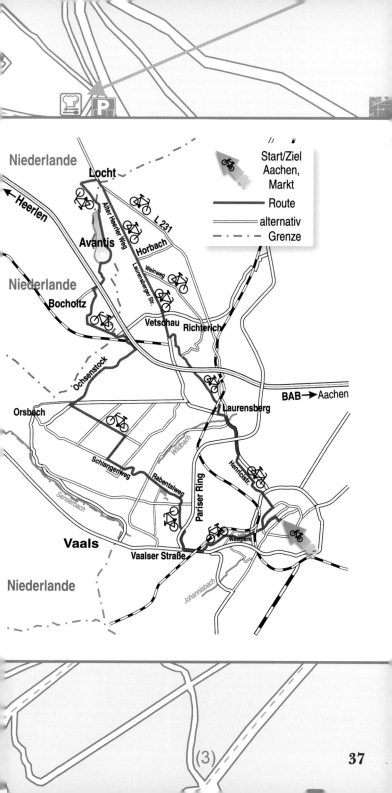

Niederlande

Locht

Heerlen

Avantis

Alter Heerler Weg

L 231

Horbach

Weinweg

Laurensberger Str.

Niederlande

Bocholtz

Vetschau

Richterich

Ochsenstock

Orsbach

Laurensberg

BAB → Aachen

Wildbach

Schlangenweg

Rabentalweg

Pariser Ring

Hennstr.

Sensebach

Vaals

Vaalser Straße

Westpark

Niederlande

Johannisbach

Start/Ziel
Aachen,
Markt

—— Route

══ alternativ

—·—·— Grenze

TOUR 3

Ein schöner Umweg nach Haaren über Eilendorf

Aachen, Markt/Rathaus – Fischmarkt – Annastraße – Südstraße – Kaiser-Friedrich-Park – Steinebrück – Schöntal –
Hitfeld – Vennbahnweg – Brand – Eilendorf – Nirm – Haaren – Aachen, etwa 30 km

Start und Ziel: Aachen, Markt/Rathaus

Fahren Sie vom Markt/Rathaus in westliche Richtung bis zur **Jakobstraße** und folgen dem Schild des Radverkehrsnetzes NRW mit
den Zielen **AC-Verlautenheide/AC-Brand** nach links in die Klostergasse, jetzt **Johannes-Paul-II.-Straße**. Auf dem **Fischmarkt**
biegen Sie **rechts** in die **Annastraße** hinein. Bei der Verkehrsampel fahren Sie gegenüber in die **Mörgensstraße** und geradeaus in
die **Krakaustraße**. An ihrem Ende überqueren Sie den **Boxgraben** und folgen der **Südstraße** bis zur **Mozartstraße**. Hier fahren
Sie nach **rechts** und hinter der Eisenbahnbrücke (Aachen-Mönchengladbach) in die **zweite Straße** nach **links**, die **Goethestraße**. Sie bleiben auf der Goethestraße, links liegt das Gelände der
ehemaligen Klinischen Anstalten.

Den **Kreisverkehr** verlassen Sie an der **dritten Ausfahrt**. Sie sind
in der **Aachener-und-Münchener-Allee**; rechts liegt der Kaiser-
Friedrich-Park, auch Hangeweiher genannt, ein viel besuchter Aus-
flugsort mit Café, Kinderspielplatz, Bootsverleih und Freibad[1].

Weiher mit Bootsverleih im Kaiser-Friedrich-Park

---

1 Eingang in der Straße „Am Hangeweiher“.

Bei der Weiterfahrt nutzen Sie in der Straße **Im Brockenfeld** den rechten Gehweg, der als Radweg beschildert ist. Später überqueren Sie die **Maria-Theresia-Allee**. Unter der Brücke der Eisenbahn (Aachen-Lüttich) hindurch kommen Sie auf der **Weißhausstraße** an die **Eupener Straße** und geradeaus in die **Salierallee**.

Die Salierallee endet an der **St.-Vither-Straße**; mithilfe der Ampel kommen Sie sicher auf die andere Straßenseite, auf den Rad- und Gehweg der **Siegelallee**. Es geht ein wenig bergan, aber schon in die erste Straße rechts, **Louis-Beißel-Straße**, fahren Sie. Schon bald erkennen Sie links einen Weg, der rechtwinklig von der Straße zwischen den Häusern wegführt. Auf ihm gelangen Sie sehr schnell in die **Flandrische Straße**, wo Sie nach **rechts** schwenken und **sogleich** nach **links**, schräg gegenüber erneut in einen solchen Weg. Bald befinden Sie sich hinter der Häuserreihe in einem Waldstück, wo Sie dem ersten Weg nach **rechts** folgen bis zum Ende des Forstes. Jetzt sind Sie auf dem **I. Roten-Haag-Weg** vor dem Waldstadion und biegen **links** ab.

An der **Monschauer Straße** fahren Sie auf dem **rechts** verlaufenden Radweg nach rechts. Auf der anderen Straßenseite befindet sich der Ehren-/Waldfriedhof. In Höhe zu dessen Einfahrt ist auf der Fahrbahn aus Richtung Monschau eine Sperrfläche[2] vorhanden, die das **Linksabbiegen** auf dieser stark befahrenen Straße in den Parkplatz erleichtert.

Diesen „Vorteil" sollten auch die Radler nutzen! Sie könnten mithilfe dieser Fläche beim Verlassen des Radweges und beim Hinüberfahren/-schieben zum Parkplatz in der Fahrbahnmitte der Monschauer Straße den Kfz-Verkehr sicher vorbeifahren lassen. Den Parkplatz verlassen Sie zum **Wildparkweg**, auf dem auch die Route weiterführt.

Unmittelbar **vor der Einmündung** des Wildparkweges in den Kornelimünsterweg weisen **Pfeilwegweiser** (AC/Kornelimünster/Forster Linde) des Radverkehrsnetzes NRW Sie nach **rechts**; geradeaus auf der anderen Straßenseite liegt das ehemalige Forsthaus Schöntal, jetzt ein Restaurant, nebenan ein Ponyverleih.

Abseits des verkehrsreichen Kornelimünsterweges führt im Wald der Weg hinab zu einer Brücke über den mäandernden **Beverbach**. Diese Strecke ist nicht nur bei Radlern beliebt, sondern auch bei Wanderern und kindlichen Reitern, deren Ponys häufig von Großeltern/Eltern an der Leine auf einem Rundkurs geführt wer-

---

2 Zeichen 298 der Anlage zu § 41 StVO.

den. Deshalb sollte man hier aufmerksam fahren. Nach der Bachüberfahrt beginnt schon eine Linkskurve und bald führt der Weg aus der Senke aufwärts zu einer Kreuzung.

Hier sollten Sie sich *nicht* vom Pfeilzeichen des Radverkehrsnetzes NRW nach **links** beeinflussen lassen! Sonst müssten Sie Ihre Fahrt mit Autoverkehr auf dem Kornelimünsterweg ohne Rad-/Gehweg fortsetzen!

Besser, sicherer und ruhiger geht es so: Sie fahren in der alten Richtung noch etwa 100 m, treffen dort auf einen **Waldweg**, auf den Sie **rechts** einschwenken. Schon bald stoßen Sie auf einen breiteren Weg, radeln nach **links**, später aus der Waldung heraus, zwischen Wiesen und Weiden weiter bis zur **Hitfelder Straße** in Hitfeld.

Gegenüber beginnt die Straße **Kreuzerdriesch**, in die Sie hineinfahren. An ihrem Ende lenken Sie nach rechts. Mit der Bebauung hört auch die Asphaltdecke auf. Auf dem nun befestigten Weg fahren Sie zwischen Weiden, ab einem **Linksknick** parallel an der Autobahn und mit einem **Rechtsschwenk** unter der Autobahn her. Eine weite Landschaft empfängt Sie, den Horizont überragt die Kirchturmspitze aus Brand.

Unmittelbar hinter der Brücke bleiben Sie auf dem neben der Autobahn herlaufenden Wegabschnitt, der nach Rechtskurven vor einem landwirtschaftlichen Betrieb nach **links abknickt** in Richtung **Brand**. Am Ende des Wiesengeländes benennt ein Straßennamens-

Überraschender Weitblick nach
Autobahnunterquerung

schild diesen Weg als **„An der Kirschkaul"**, der in die **Münster-straße** mündet. Sie biegen hier nach **rechts**, aber schon nach wenigen Metern wieder nach **links ab**, und zwar in den **Vennbahnweg**.

Ab jetzt genießen Sie das Radeln! Es geht vorbei an Neubauten, Wiesen, einem Kinderspiel- und Sportplatz. Oft sind Sie hier auch mit Rollerbladern, Spaziergängern, Hundebesitzern, Joggern und Skatern unterwegs. An der Vennbahntrasse sind hier und da grüne Bestände aus Bäumen, Sträuchern und Pflanzen entstanden. Der weitgehend naturbelassene Grüngürtel ist unterschiedlich breit wegen bewirtschafteter Wiesen oder angrenzender Bebauungen. Vorhandener Platz und Bodenbeschaffenheit haben Einfluss auf Flora und Fauna. Manchmal verläuft der Vennbahnweg zum Teil auf ehemaligem Schienenweg oder aber in einigem Abstand davon. In bestimmten Abschnitten sind links und rechts noch Gräben vorhanden, in denen nach Regenfällen auch Wasser stehen bleibt. Trockener ist es dort, wo die alte Schottertrasse höher liegt. Es gibt auch ältere Hecken und Bäume, Lücken zwischen ihnen geben wunderschöne Ausblicke frei. Dabei laden auch Bänke zum Ausruhen ein. Auf den hohen Brücken gibt es „Haltebuchten", von denen man auch in der Tiefe einen Bachlauf entdecken kann. Weidende Kühe sehen zum Beispiel klein wie Spielzeug aus.

Im weiteren Verlauf überqueren Sie auf dem Vennbahnweg die **Rombachstraße**; Eisengatter zwingen hier zu einer langsamen Zickzackfahrt. Später treffen Sie an der **Trierer Straße** auf eine Ampelanlage, bei der Sie nach Knopfdruck durch eine Grünphase

Freizeiteinrichtung am
ehemaligen Bahnhof Brand

für Radler/Fußgänger sicher auf die andere Seite kommen. **Geradeaus** fahren Sie auf der **Karl-Kuck-Straße** an dem links liegenden ehemalige Bahnhof Brand vorbei. Hinter dem Gebäude gibt es noch alte Signalmasten, Bänke oder ein offenes, überdachtes Gebäude und dahinter einen Kinderspielplatz.

An der **Eckener Straße** müssen Sie wieder Obacht geben, weil Sie den fließenden Verkehr queren. Dann aber geht es „störungsfrei" weiter und unter einem grünen Baldachin dahin. Auf Brücken überqueren Sie die Autobahn (BAB A 44), den Haarbach und die Debyestraße. Und schon rollen Sie auf einen rot-weißen Richtungspfeil[3] zu, wo Sie nach **links**, aber gleich wieder nach **rechts** schwenken.

Die Routenstrecke verläuft jetzt nicht mehr unmittelbar auf der Bahntrasse, sondern daneben. Bei leichtem Gefälle ist Radfahren hier pures Vergnügen, dichtes Buschwerk auf beiden Seiten schützt vor heftigem Wind, auf Ruhebänken mit Abfallkörben kann man seinen Proviant genießen. Wege durchbrechen manchmal die Buschreihe nach rechts, auf ihnen liegen noch Reste von Bahngleisen. Nach links beobachtet man Gewerbegebiete, je nach Windrichtung und Jahreszeit schnuppert man bekannte Düfte einer Aachener Marmeladenproduktion.

In Höhe der Zieglerstraße macht der Weg etwa einen Halbkreis. Nach kurzer Zeit weist ein Pfeilwegweiser (**AC-Haaren/AC-Eilendorf**) des Radverkehrsnetzes NRW in einen Weg nach **rechts**, in ein Wiesengelände. Hier kreuzen Sie noch die **Schlackstraße**, bei den ersten Häusern von Eilendorf auch die **Krebsstraße** und fahren geradeaus durch die **Kleebachstraße** in Richtung des Kirchturmes. Im Ort fahren Sie an einer Verkehrsampel über die **Von-Coels-Straße** (Pfeilwegweiser AC-Haaren/AC-Nirm) in die **Marienstraße**, an deren Ende werden Sie nach **links** durch die **Moritz-Braun-Straße** zur **Severinstraße** geleitet.

Sie biegen dort nach **rechts** ab und fahren weiter bis zur **Nirmer Straße**, wo Pfeilzeichen Sie nach **links** leiten. Bald sehen Sie eine schmale, tunnelartige Eisenbahnunterführung (Bahnlinie Aachen-Köln), wo die Durchgangsfahrt mit einer Ampel gesteuert wird. Danach setzen Sie Ihre Fahrt auf dem **Nirmer Platz** fort (Pfeilwegweiser AC-Zentrum/AC-Haaren).

---

3 Zeichen 625 der Anlage § 43 StVO.

Sie treffen auf eine Querstraße, die **Kalkbergstraße**, und machen hier einen **Links-** und sogleich wieder einen **Rechtsschwenk** und befahren die ruhige Straße, **Nirmer Weg**, durch landwirtschaftlich genutzte Felder abwärts in Richtung Haaren.

Schönes Haus im Ortsteil Nirm

Je nach Jahreszeit könn(t)en Sie Landwirte dabei beobachten, wie sie mit riesigen Maschinen und Fahrzeugen zum Beispiel die Maisernte einbringen. Diese tonnenschweren Arbeitsgeräte verdichten aber auch Ackerböden bis in größere Tiefen, sodass bei heftigen Niederschlägen Regenwasser eher von den Oberflächen abfließt, dabei Erosionen verursachen und auch zu Überflutungen führen kann.

„Giganten" bei der Maisernte

Bald radeln Sie unter der hohen Autobahnbrücke hindurch und neben dem Haarbach auf der **Haarbachtalstraße** nach **Haaren**.

Auf der linken Straßenseite sehen Sie bald an einem alten Gebäude, der Welschen Mühle, noch das Wasserrad. Das Wasser zum Antrieb wird über eine Holzrinne vom höher liegenden Mühlenteich abgeleitet. Die Mühle war bis 1961 noch in Betrieb. Mehr als 40 Mühlen soll es in den Aachener Stadtbezirken gegeben haben. Es lohnt sich, nach oben zu gehen, vielleicht auch vorsichtig und ruhig zu sein! Enten sind zu beobachten, manchmal auch ein mitten im Teich stehender Reiher.

Haaren dürfte seinen Namen vom gleichnamigen Bach ableiten. Zur Römerzeit lag es schon an zwei Fernstraßen und gehörte zur Karolingerzeit (768-814) zum königlichen Wildbanngebiet. Während des 12. und 13. Jahrhunderts bildeten sie im Aachener Reich ein Quartier zusammen mit Würselen und -Weiden. 1794 wurde Haaren durch französische Truppen besetzt. Das Aachener Reich wurde aufgelöst. Aus den beiden Dörfern Verlautenheide und Haaren wurde die selbstständige Gemeinde Haaren gebildet und ab 1815 in den Landkreis Aachen eingegliedert. Am 01.01.1972 wurde Haaren in die Stadt Aachen eingemeindet.

Mühlenteich in Haaren

Dann fahren Sie weiter bis zur **Akazienstraße**, der Sie nach **links** folgen bis an die Querstraße **Auf der Hüls**. Hier schwenken Sie nach **links** und sofort wieder nach **rechts** in die schräg gegenüber beginnende **Hofenburger Straße**. Bleiben Sie auf ihr in diesem Wohngebiet; sie endet in einer baulichen Verengung, die ein zügiges Weiterfahren/-gehen zu einem **unbeschrankten Bahnübergang** verhindert. Denn – diese Bahnstrecke wird hin und wieder befahren!

Nach dem Übergang sind Sie jetzt in der hier endenden Neuköllner Straße und fahren auf dem Geh-/Radweg nach rechts weiter. In die rechts liegende Grünanlage steuern Sie hinein und gelangen über ein Brückchen hinweg zu einem Teich, an dem Sie nach links entlangradeln. Schon nach wenigen Metern treffen Sie auf die Wurm; Pfeilwegweiser des Radverkehrsnetzes NRW leiten flussaufwärts weiter in Richtung Vaals (NL)/Markt/Dom (Zentrum). Dabei fahren Sie unter dem Berliner Ring hindurch, danach sofort steil die Straßen- bzw. Uferböschung hinauf auf den Radweg des „alten" Berliner Ringes. Sie folgen dieser Route nach links, die Sie bald wieder an die jetzt kanalisierte Wurm heran- und zurückbringt.

Bald überqueren Sie an der **Talbotstraße** auf einer Brücke die Wurm und biegen danach links in den Weg ab, der nun rechts neben dem Bach stadteinwärts verläuft. Nach etwa 200 m sehen Sie links der Wurm *Gut Kalkofen* liegen. Geradeaus ragt schon das Hochhaus am **Europaplatz** empor.

Am Ende des Weges müssen Sie noch einmal einen kurzen, steilen Anstieg bewältigen – und dann stehen Sie am Verteilerkreis mit seinen Fontänen im Zentrum.

Brunnen „Kreislauf des Geldes" von
Karl Henning Seemann (1976)

Nach rechts zeigen hier die Schilder. Den Kreisverkehr verlassen Sie
an der zweiten Ausfahrt in Richtung **Blücherplatz**. An den beiden
Fußgänger-/Radfahrerampeln wechseln Sie nach **links** auf den
anderen Straßenabschnitt des Blücherplatzes. Hier fahren Sie nach
rechts auf den zweigeteilten Radweg, auf dem Sie auf einem
gemeinsamen Geh-/Radweg (entgegen der Einbahnstraßenrichtung
der Fahrbahn) in die **Sigmundstraße** gelangen. Die Sigmundstraße
quert mit einem **Rechts-Linksschwenk** die **Hein-Janssen-Straße**. Über die **Rudolfstraße** fahren Sie auf den **Rehmplatz**, auf
dem sich auch ein Kinderspielplatz befindet. An seinem Ende müssen
Sie nach **links** in die **Ottostraße** und sofort wieder nach **rechts** in
die **Maxstraße**; so kommen Sie zur **Heinrichsallee**.

Die Heinrichsallee kreuzen Sie an der Verkehrsampel geradeaus in
die **Promenadenstraße**, die Sie auf einem gemeinsamen Geh-/
Radweg an der rechts liegenden Synagoge vorbei auf den **Willy-
Brandt-Platz** bringt. Dort beginnt **rechts** die **Blondel-**, die Sie
an ihrem Ende nach links in die **Peterstraße** verlassen und dann
am **Friedrich-Wilhelm-Platz** (Elisenbrunnen) eintreffen.

Die schon bekannten Wegweiser des Radverkehrsnetzes NRW zei-
gen Ihnen nach **rechts** durch die **Hartmannstraße** die letzten
Meter zum Ausgangspunkt dieser Radtour an. Am Ende der Hart-
mannstraße geht es nach **links** über den **Münsterplatz**, durch die
Schmiedstraße, über den **Fischmarkt**, die Klostergasse, jetzt
Johannes-Paul-II.-Straße, zum **Markt**.

Gutes Fahren!

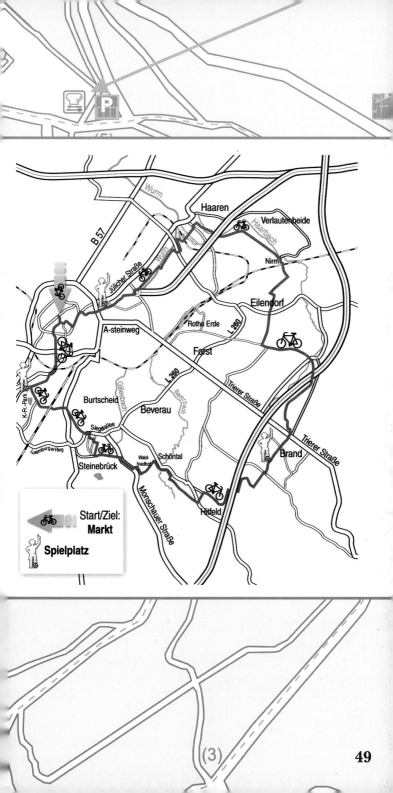

Start/Ziel:
Markt

Spielplatz

TOUR 4

Vom Wildbach zum Amstelbach

> Aachen – Melaten – Seffent – Laurensberg – Solarsiedlung – Soers – Berensberg – Kohlscheid – Bank – Richterich – Hand – Beulardstein – Schloss Rahe – Bendplatz – Aachen, etwa 27 km

Start und Ziel: Aachen, Markt/Jakobstraße

Beginnen und fahren Sie diese Radtour entsprechend der Beschreibung zu Tour 2 „Ein Schlüsselerlebnis im Aachener Westen" bis zu dem Ort, der mit der Textstelle: *„Der Rabentalweg verläuft jetzt durch Felder und Wiesen bis zur Schurzelter Straße"* beschrieben wird.

Auf dem Radweg der **Schurzelter Straße** geht es nach **rechts** weiter (Pfeilschild Schloss Rahe/AC-Seffent). Am Ortsanfang von Seffent steht das **Haus Nr. 217**, ein kompaktes Gebäude, weiß, nahezu fensterlos. Dahinter macht der Radweg vor einem Gartenzaun eine Linkskurve. Hier sollte Sie **stoppen**, denn nach **rechts** führt ein mit Gras bewachsener Weg in den **Quellenbereich** des Wildbaches. Es ist vielleicht sinnvoll, hier sein Fahrrad die wenigen Meter bis zu den Quelltöpfen im „Naturschutzgebiet Seffent" zu schieben.

Das Seffenter Wasser aus diesen sieben Quellen sollen schon die Kelten genutzt haben. Den Ortsnamen Seffent kann man am besten aus dem römischen Begriff „septem fontes" ableiten. Ob die Brunnen damals auch schon so stark sprudelten? Jetzt sind sie die stärksten im Stadtgebiet und stoßen in der Sekunde etwa 80 l aus, was auch die recht hohe Abfließgeschwindigkeit der beiden Bäche verdeutlicht. Bei genauem Hinschauen erkennt man, dass das Wasser auch Blasen wirft, da es in der Tiefe mit Kohlendioxid angereichert wird. An heißen Sommertagen kann man vereinzelt Kinder mit nackten Füßen im flachen Wasser beobachten, das sie aber sehr schnell wieder verlassen. Eine durchaus verständliche Reaktion – das Wasser hat eine gleichbleibende Jahrestemperatur von etwa 9° C. In diesem leicht verletzlichen Lebensraum findet man noch seltene Kleinstlebewesen und Pflanzen, auf die man Rücksicht nehmen sollte.

Detailliertere Angaben finden Sie hier auf zwei Infotafeln der Stadt Aachen, Fachbereich Umwelt.

Verlassen Sie diesen Ort und folgen den Bächen **über** einen **Steg**. Neben alten und jüngst restaurierten Gebäuden kommen Sie wieder zur Schurzelter Straße zurück, die nach einer Linkskurve beim Septfontainesweg schnurgerade verläuft. An der linken Straßenseite steigen Wiesen hügelan, rechts von Ihnen fließt munter der Wild-

Naturschutzgebiet „Sieben Quellen" in Seffent

bach im wald- und buschbestandenen Sumpfgelände. Hinter einer leichten Rechtskurve endet bald der Radweg. Vor Ihnen erscheint jetzt die hohe „Schurzelter Brücke" der Eisenbahnlinie Aachen-Mönchengladbach. Sie halten Ihre Fahrtrichtung bei, bleiben aber aufmerksam, denn der hinter der Brücke von rechts kommende Verkehr auf der Süsterfeldstraße hat Vorfahrt.

Die erste Straße nach rechts, Schurzelter Winkel, eröffnet das neue, etwa 2,5 ha große Wohngebiet, „Solarsiedlung Aachen-Laurensberg", die in den Jahren 2000-2003 geplant und fertig gestellt wurde. Bei den Einfamilien-, Doppel- und Reihenhäusern wurden

Informationsstand zur Solarsiedlung Aachen-Laurensberg

energiesparende Konzepte bei der Wärmedämmung, dem Heizungssystem und der Warmwasserbereitung verwirklicht. Das Programm umfasste auch eine Überprüfung zur Sicherung der Qualität in der Planungs- und Bauphase. Niedrigenergie- und Passivhäuser sollten entstehen mit hohem Wärmeschutz, beim Heizungsbedarf das Drei-Liter-Haus (auch mit Holzpellets), bei der Warmwasserbereitung mindestens 60 % durch solarthermische Bauteile oder erneuerbare Energie mithilfe der Erdwärme. Die Siedlung ist verkehrsberuhigt, es gibt Spielplätze, einen Kindergarten und an der Einfahrt eine Bushaltestelle. Hier befindet sich auch eine Tafel mit einem Luftbild und umfangreicheren Infos (www.50-solarsiedlungen.de).

Es ist interessant, in dieses schöne Umfeld[1] hineinzufahren! Man kann zum Ausgangspunkt zurückkehren. Als Radfahrer bzw. Fußgänger können Sie alternativ in Richtung zur **Schlottfelder Straße** durchkommen, die an der **Roermonder Straße** endet. Dort geht es auf dem gegenüberliegenden Radweg nach links; wenige Meter danach sind Sie schon an der **rechts** beginnenden **Schloss-Rahe-Straße**.

Setzen Sie noch oder wieder die Fahrt auf der Schurzelter Straße fort, so kommen Sie sehr schnell an die nach links abzweigende **Wildbachstraße**, die als Rechtsbogen mit einem kleinen „Umweg" durch ein schönes Wohnfeld wieder in die Schurzelter Straße mündet in Sichtweite der **Roermonder Straße**. Auf der Roermonder Straße fahren Sie nach rechts. In ihrer Rechtskurve beginnt an der linken Straßenseite die **Schloss-Rahe-Straße**.

Am Anfang der Wildbachstraße liegt **links** ein **Kinderspielplatz**; wenn Sie am Rechtsbogen aber **geradeaus** fahren, treffen Sie auf einen **Fußweg** mit einer Brücke über den Wildbach, hier in einem schönen Bachbett. Absperrungen verhindern ein Durchfahren, aber nicht das Schieben. Dieser Pfad bleibt zuerst am Bachlauf, leitet dann zwischen Wohnhäusern zur **Rathausstraße**. Dort geht es nach **rechts** wieder zur **Roermonder Straße** und zur rechts einmündenden Schurzelter Straße.

Die Schloss-Rahe-Straße unterquert tunnelartig (mit Ampelregelung) einen alten Bahndamm. Dahinter beginnt die offene Landschaft der Soers. Links stehen zuerst Einzelhäuser und danach beginnt die Parkanlage des Schlosses Rahe, heute Privatbesitz. In einer Linkskurve fahren Sie nach **rechts** in die **Hausener Gasse**. Rechts liegen Felder, geradeaus *Gut Hausen* und im Hintergrund der Lousberg. Links sehen Sie sehr viel Grün, es gehört zu einem Biotop in einem Wasserrückhaltesystem.

Vor dem Gehöft folgen Sie dem Weg nach **links**, der vor einem unten lie-

Beschaulicher Wildbach in Laurensberg

---

1 Große Personengruppen sollen hier schon geführt worden sein.

Bizarre Weiden am Wildbach in der Soers

genden Gewässer deichartig endet. Hier kann man Wasservögel beobachten und im Frühjahr auch „Froschkonzerte" hören. Nach **schräg rechts** rollen Sie **abwärts** und in einem engen Tunnel unter der Schnellverkehrsstraße hindurch in ein Wiesengelände. Nebenan plätschert ein Bach, nach einem Linksschwenk hinter einer Brücke kommen Sie bald an die **Rütscher Straße.**

Geradeaus über diese Straße[2] gelangen Sie auf einen (Trampel-)**Pfad**, der unmittelbar dem Lauf des Wildbaches folgt. Rechts wird ein Acker noch landwirtschaftlich genutzt, mehr als mannshohe Maisstauden zum Beispiel schützen im Herbst vor starkem Wind. Das Wasser wird bald durch ein Wehr gestaut und rauscht dahinter als kleiner „Wasserfall" in sein tiefer liegendes Bett und plätschert zwischen schönen alten Weiden davon.

Kleines Gedenkkreuz am einsamen Wiesenweg in der Soers

Über den Steg des Stauwerks mit zwei Stufen kommen Sie hinüber. In einem Wiesengelände geht es weiter. Bei einiger Aufmerksamkeit bemerken Sie hier am linken Wegesrand ein „Gedenkkreuz" aus dem Jahr 2001, die Inschrift schon von der Sonne gebleicht. Nun treffen Sie auf die Straße[3] **Strüverweg.**

Auf seinem Geh- und Radweg biegen Sie **links ab** und treffen auf die von links einmündende **Schloss-**

---

2 Wenn Ihnen zum Beispiel nach Starkregen der Pfad zu unsicher ist, dann biegen Sie hier nach **links** in die Rütscher Straße ab, überqueren dabei den Bach, der Ihnen nun linksseitig munter entgegenplätschert und später bei einer leichten Straßenkurve nach links neben alten Kopfweiden in seinem Zulauf gestaut wird. Bald sind Sie an der **Schlossparkstraße**, biegen **rechts** ab und gelangen schnell zur Einmündung **Strüverweg**. Nach links geht es für Sie weiter in Richtung **Ferberberg**.

3 Rechts gegenüber steht eine stillgelegte Textilfabrik. Die Stadt plant hier ein Museum zur Aachener Textilgeschichte.

Am Ferberberg

parkstraße. Sie setzen Ihre Fahrt **geradeaus** in Richtung **Ferberberg** fort.

Diese Straße erfährt bald eine Steigung, die hinter der Autobahnbrücke noch steiler wird und so manchen Radler gerne absteigen und lieber schieben lässt, wenn man nicht gerade eine der „Tour de France" ähnliche Kluft trägt! Rechts des Weges fällt Ihnen eine schöne Baumallee auf, weiter oben bemerken Sie nach links den der Öffentlichkeit nicht zugänglichen Ferberpark mit schönen Gebäuden. Pferde können Sie in Reitbahnen oder friedlich grasend auf Wiesen beobachten.

An der Kreuzung befinden Sie sich am **Knotenpunkt[4] Nr. 8** des Radverkehrsnetzes NRW mit seinem „Schilderwald" zur vielfältigen Orientierung.

Sie fahren hier auf dem Geh-/Radweg der **Berensberger Straße** nach **rechts**. Von dieser Höhenlage haben Sie nach rechts bald eine wunderbare Aussicht bis in die ferne Eifel. Links tauchen der Berensberger Hof und die Kirche St. Mathias auf, Letztere geöffnet jeweils am Dienstag, Donnerstag und Sonntag.

Eine Kapelle des Ritters Mathias und seiner Frau Clara von 1381 wurde durch den Kirchenneubau in den Jahren 1889/1890 ersetzt. Die feierliche Weihe fand am 12. Oktober 1890 statt.

---

4 Künftig KP.

Zur Kirche biegen Sie **links** ab, **davor** aber **noch** einmal. Auf diesem Weg, dem **Aachener Pfad**, kommen Sie um den Berensberger Bauernhof herum und neben Wiesen durch Felder in Richtung Kohlscheid. Den Luhrweg überqueren Sie bei einem Kreuz geradeaus. Dann treffen Sie auf einen Weg, biegen hier nach **rechts** und **sofort** wieder nach **links** ab. Jetzt sind Sie in der **Dornkaulstraße** und biegen hinter dem letzten Haus nach **rechts** in die **Kämpchenstraße** ab. Ein Radwegstreifen ist markiert. Am **Ortsanfang** von **Kohlscheid** beginnt eine mit Leitbake (Warnbake)[5] beschilderte Tempo-30-Zone[6], verdeutlicht noch durch straßenbauliche Großpoller.

Der heute zu Herzogenrath gehörende Ortsteil Kohlscheid weist schon mehr als 2.000 Jahre alte Besiedlungsspuren auf. Reiche Steinkohlenvorkommen in Kohlscheid fanden schon im Jahr 1113 Erwähnung. Der spätere Steinkohlenbergbau trug auch zu weiterer industrieller Entwicklung bei. Nach der Zechenstilllegung begann 1989 der Bau des Technologieparks Herzogenrath. Das schwedische Telekommunikationsunternehmen Ericsson schuf neue Arbeitsplätze.

Gegenüber, auf der anderen Straßenseite, bemerken Sie den auf einem **ehemaligen Bahndamm** nach **links** wegführenden gemeinsamen **Fuß-** und **Radweg**, dem Sie nun zwischen Feldern folgen. Rechts taucht ein Grüngürtel auf, in dem sich auch ein Kinderspielplatz befindet.

Geradeaus über die **Kircheichstraße** gelangen Sie in die nach dem österreichischen Operettenkomponisten Carl **Zeller** (1842-1898) benannte Straße. Später liegen rechts das Hallenbad und links Sportplätze. Sie sind nun auf dem Straßenabschnitt „**Alte Bahn**" und queren bald zwei Straßen (**Kaiser-** und **Weststraße**). Ihre Routenstrecke ist dort jeweils als Sackgasse[7] beschildert, aber nicht für Radler. Als gemeinsamer Fuß- und Radweg in einem langen Linksbogen mündet die alte Bahntrasse später in die **Raiffeisenstraße** (Friedrich-Wilhelm R., 1818-1888, Volkswirtschaftler). Hier halten Sie **nach links** und der Beschilderung entsprechend **nach rechts** in die **Feldstraße**. Radfahrern ist hier trotz des Verbots einer Einfahrt[8] die Durchfahrt auf einem gekennzeichneten Wegstreifen bis zur verkehrsreichen **Roermonder Straße** gestattet. Mithilfe der Verkehrsampel erreichen Sie sicher den Radweg auf der anderen Straßenseite und fahren nach **links**.

---

5 Zeichen 605 der StVO.
6 Zeichen 274.1 der StVO.
7 Zeichen 357 der StVO.
8 Zeichen 267 der StVO.

Wasseranlage „Amstelbach"
in Kohlscheid

Bald treffen Sie an der Einmündung **Bahnstraße** auf den Inner-ortswegweiser[9] zum Bahnhof Kohlscheid; bis hierher sind das etwa 18 km Radtour.

Wenn Sie die Rückfahrt nach Aachen mit der Eisen- bzw. Euregio-bahn durchführen wollen, müssen Sie hier nach rechts. An der Bus-haltestelle am Bahnhof Kohlscheid kommen Sie durch einen Tunnel auf die andere Seite des Bahndammes und dort über eine Rampe mit einer Wendekurve zum Gleis in Richtung Aachen[10]. Fahrpläne und ein Fahrkartenautomat sind vorhanden.

Bei der Rückreise mit dem Fahrrad nach Aachen biegen Sie jedoch erst an der nächsten Straße, der **Banker Straße**, **rechts** ab. Dort geht es abwärts und an einem rechts liegenden Kinderspielplatz vorbei. Danach fahren Sie nach **links** in die **zweite Straße**, den **Germersweg**, und lenken Ihr Rad zum „Wandererziel" HZ-Bank/Halde Wilsberg mit Panorama. Sie radeln ohne Kfz-Verkehr durch Wald- bzw. Buschgelände am Amstelbach neben dem Bahn-damm her. Der Germersweg unterquert in einem **Tunnel** den Bahndamm nach **rechts** und mündet später in die **Haus-Heyden-Straße** in **Bank**.

Möchten Sie einen Rundblick genießen? Das Wandererschild „Halde Wilsberg" weist nur auf eine Kurzstrecke von 0,4 km hin, doch nicht auf den Anstieg. Er ist so steil, dass man sein Rad schie-

---

9 Zeichen 432 der StVO.
10 Wenn Sie die Fahrt am Bahnhof Aachen-Schanz beenden, können Sie dort den Bahnsteig auch ohne Treppenbenutzung über eine Rampe verlassen!

ben muss und abwärts führen sollte. Aber oben winkt die Belohnung – Bänke stehen zur Verfügung! Große Steinquader sind kreisförmig und in alle Himmelsrichtungen ausgelegt worden. Man lernt die Umgebung aus einer anderen Perspektive kennen.

Sie setzen die Fahrt auf der Haus-Heyden-Straße nach **links** fort und gelangen auf der **Banker-Feld-Straße** an die Kreuzung **Mühlenfeldweg/Ursfeld**. Die Beschilderung des Radverkehrsnetzes NRW weist nach **links** unter der Eisenbahn hindurch nach **Ursfeld**. Am Ende des kleinen Ortes biegen Sie **rechts** ab über eine **Brücke** in den **Ursfelder Fußpfad**. Sie fahren **aber nicht** nach links am (Stau-)Weiher entlang! Sie **benutzen** den Pfad **geradeaus,** der sich durch ruhiges Busch- und Baumgelände schlängelt und wieder zu einer Brücke über den **Amstelbach** gelangt. Dort nutzen Sie den **Fußgängertunnel** im Bahndamm und sind nun auf der **Amstelbachstraße** in **Richterich**.

Panoramablick von der Halde „Wilsberg" in Kohlscheid

Alsbald nach **rechts** in die **Dellstraße** abbiegend, erreichen Sie an deren Ende wieder die **Banker-Feld-Straße**. Hier geht es nach **links**, an zwei von links einmündenden Straßen vorbei und **geradeaus** über die **Horbacher Straße** weiter. Hier können Sie noch schöne Ausblicke über Felder genießen!

In die **Gierstraße** fahren Sie nach **links**, danach nach **rechts** in die **Grünenthaler Straße**, von dort nach wenigen Metern wieder nach links ins **Grünenthal**. Jetzt nimmt Sie ein schöner Grüngürtel auf. Die Straße macht wegen der (stillliegenden) Bahnstrecke (Aachen-Bocholtz/NL) nach links einen v-förmigen Bogen für die Bahnüberquerung auf die andere Dammseite. Hier fahren Sie durch ein Wohngebiet bis zur **Karl-Friedrich-Straße**; nach **links** geht es dort. Unter der BAB A 4 hindurch kommen Sie nach **Hand** und an die Querstraße **Hander Weg**, wo Sie sich wieder nach **links** wenden. Vor der bald auftauchenden **Brücke** fahren Sie nach **rechts**, **parallel** zur Autobahn durch Wiesengelände und später neben der Eisenbahnlinie (Aachen-Mönchengladbach) zur **Roermonder Straße** in **Laurensberg**.

Nach **links** über die **Eisenbahnbrücke** müssen Sie nun, um in der Linkskurve in die nach **rechts** abzweigende Straße **Tittardsfeld** zu fahren. Die **erste** Straße nach **links**, **Beulardsteiner Feld**, führt Sie am Ende auf einer für den Kfz-Verkehr gesperrten Brücke über die Autobahn nach **Richterich** in den **Landgraben**. Nach etwa 400 m, vor dem Haus **Nr. 60**, zweigt nach **rechts** ein asphaltierter Weg ab. Auf dem rollen Sie abwärts, aber lassen Sie sich Zeit für ein paar Blicke in die Umgebung! Nach einer Rechtskurve haben Sie die Autobahn erneut überquert. Dann geht es nach **links**, rechts erscheinen Wiesen und Felder, links sind die Fahrspuren der Autobahn, Ausfahrt AC-Laurensberg.

Eine Rechts-, dann eine Links- und bei den ersten Häusern erneut eine Rechtskurve bringen Sie sodann als **Linksabbieger** in die **Schlossparkstraße**. Hier fahren Sie **schräg links** hinüber in die **Schloss-Rahe-Straße**. Bergab geht es kurvenreich weiter. Rechts liegen Gebäude der ehemaligen *Rathsmühle*, anschließend in dem umzäunten Parkbereich Schloss Rahe (privat). Links fahren Sie an einem Naturschutzgebiet, nach der einmündenden **Hausener Gasse** an landwirtschaftlichen Nutzflächen entlang.

An der tunnelartigen Unterführung des alten Bahndammes sorgt eine Ampel für den sicheren Verkehrsfluss, bevor Sie im Ortsteil Wildbach an die **Roermonder Straße** zurückkommen. Den Radweg auf der anderen Straßenseite befahren Sie nach **links**. Unter dem Toledoring hindurch, geradeaus über die Kackertstraße, kommen Sie mit dem **Zwischenwegweiser** nach **halbrechts** in die **Henricistraße**. Durch Gewerbegebiete und am rechts liegenden Bendplatzes vorbei radeln Sie bis zur **Kühlwetterstraße**. Mit dem Zwischenwegweiser (**rechts**) geht es weiter bis zur Haupteinfahrt des Bendplatzes. Dort fahren Sie nach **links** in die **Kruppstraße**, an deren Ende nach **rechts** in die **Turmstraße** bis zur **Kreuzung** mit der **Verkehrsampel**. Schräg **links gegenüber** beginnt die **Wüllnerstraße**, die Sie hinabrollen zum **Templergraben**, diesen überqueren in die **Eilfschornsteinstraße** und hier hinunter bis zum offen fließenden Johannisbach auf dem **Annuntiatenbach**. Gegenüber beginnt die **Kockerellstraße** als direkte Verbindung zur **Jakobstraße/Markt**. Sie ist **Fußgängerzone**, Fahrräder müssen hier geschoben werden.

Gutes Fahren!

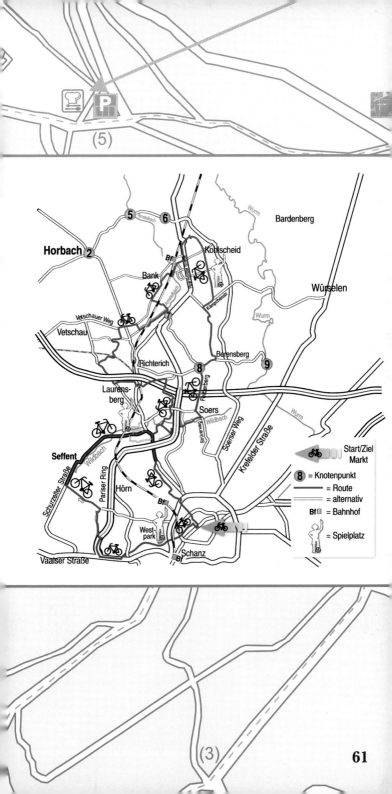

Bardenberg

Horbach ②

Würselen

Kohlscheid

Bank

Bf

Vetschauer Weg

Vetschau

Berensberg

Richterich

⑨

⑧

Laurens-
berg

Soers

Seffent

Hörn

Bf

West-
park

Schanz

Bf

Vaalser Straße

Schurzelter Straße

Pariser Ring

Wildbach

Soerser Weg

Krefelder Straße

Wurm

Start/Ziel
Markt

⑧ = Knotenpunkt
— = Route
= alternativ
Bf▯ = Bahnhof
🧍 = Spielplatz

TOUR 5

Eine sagenhafte Linde

Aachen, Markt – Frankenberg – Rothe Erde – Forst – Lintert – Pionierquelle – Diepenbenden – Hangeweiher – Aachen, Markt, etwa 21 km

---

Start und Ziel: Aachen, Markt/Rathaus

Fahren Sie vom Markt/Rathaus in westliche Richtung bis zur **Jakobstraße** und folgen hier dem Schild des Radverkehrsnetzes NRW mit den Zielen **AC-Verlautenheide/AC-Brand** nach links in die **Johannes-Paul-II.-Straße**. Sie kommen danach zum **Fischmarkt**, darüber hinaus in die **Schmiedstraße** und geradeaus zum **Münsterplatz**, an dessen Ende Sie nach rechts in die **Hartmannstraße** abbiegen. Leichtes Gefälle auf Kopfsteinpflaster bringt Sie zum **Friedrich-Wilhelm-Platz** (Elisenbrunnen). Dort, am **Kapuzinergraben**, behalten Sie Ihre alte Richtung bei und gelangen in die **Wirichsbongardstraße**. An ihrem **Ende** wenden Sie sich nach **links** in die **Schützenstraße**. Durch Radroutenzeichen werden Sie von der Schützenstraße auf einer markierten Radfahrerspur in die **Harscampstraße** geleitet und fahren dort etwa 50 m nach **rechts**. **Links** beginnt hier der **erste Teil der Lothringer Straße**, in die Sie abbiegen. Bald müssen Sie den links liegenden Gehweg benutzen. Mittels der Ampelanlage überqueren Sie die **Wilhelmstraße**, kommen dann in den **zweiten Teil** der Lothringer Straße. An der folgenden Kreuzung geht es noch **geradeaus** in die **Schlossstraße**, aber an der nächsten biegen Sie nach **links** ab in die **Bismarckstraße**.

Park mit Frankenburg

Wenn Sie hier im Frankenberger Viertel aufmerksam nach rechts schauen, entdecken Sie die Burg Frankenberg (auch Frankenburg) in einem Park. Es gilt als gesichert, dass sie im 13. Jahrhundert errichtet wurde, schon 1352 gibt es eine urkundliche Erwähnung. Sie war auch Sitz der Vögte, die die reichsunmittelbare Abtei Burtscheid zu schützen und zu verwalten hatten. Als Wasserburg zwar gut gesichert, wurde sie aber trotzdem verschiedentlich erobert und teilweise zerstört. Erst 1661 war die Burg nach verschiedenen Baumaßnahmen wieder bewohnbar. In den folgenden Jahrzehnten verfiel die Burg, weil man sie sich selbst überlassen hatte. Mit Einführung der französischen Verfassung 1793 verlor die Burg auch ihre Abhängigkeit als Jülicher Lehen. Die Burg verkam in den folgenden Jahren zu einer Ruine. Die letzte Erbin aus dem Geschlecht derer von Merode verkaufte sie 1827 für 15.500 Taler an Antonius von Coels, der die Burg bis 1838 sanieren ließ. Später erwarb die Frankenberger Baugesellschaft das Gebiet, die hier ab 1872 neue Wohnungen errichtete, als Frankenberger Viertel bekannt. Auch der Zweite Weltkrieg ging nicht spurlos an der Burg vorbei. Ab 1961 wurde hier das Heimatmuseum untergebracht.

Sie sind hier noch auf der Routenführung (AC-Verlautenheide / AC-Brand) des Radverkehrsnetzes NRW. Von der Bismarckstraße biegen Sie in die **fünfte Straße rechts** (mit Verkehrsampel), die **Schenkendorfstraße**, ein. Sie fahren aber **sofort** wieder nach **links** in die **Beverstraße**, dort weiter geradeaus bis zum **Adalbertsteinweg**; rechts liegt der Bahnhof Aachen-Rothe-Erde.

Nach **rechts**, bergauf und unter der Eisenbahnbrücke her fahren Sie hier auf der Trierer Straße bis zur **zweiten Straße** (Clermontstraße) **rechts**; gegenüber beginnt der **Eisenbahnweg**, den Sie jetzt nehmen; eine Querungshilfe an der Ampel erleichtert das Hinüberkommen.

Hier[1] sehen Sie auf dem Terrain des ehemaligen Güterbahnhofs Aachen-Rothe-Erde die Großbaustelle zum „Einkaufszentrum Aachen Arkaden". Es sollen Verkaufsflächen von etwa 16.000 m², Bereiche für medizinische Versorgung und Dienstleistungen entstehen mit bis zu 830 Stellplätzen. Eine optimale Verkehrsanbindung ist gewährleistet, da Bahn und Bus vor der Haustür vorbeikommen. Auch Radfahrer haben es gut, da ein Teil des Vennbahnradweges über das Gelände verläuft. Das Parkhaus soll sowohl vom Außenring mit dem Eisenbahnweg als auch von der B 258, der Trierer Straße, angefahren werden können.

---

1 33. Kalenderwoche in 2007.

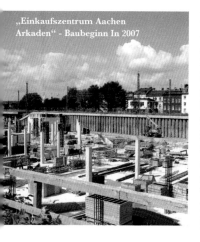

„Einkaufszentrum Aachen Arkaden" - Baubeginn In 2007

Der Eisenbahnweg lässt sich gut befahren; nach einer langen Rechtskurve kommen Sie zu einer **Ampel** an der **Philipsstraße**. Für Sie geht es **geradeaus** mit dem Eisenbahnweg weiter; Sie müssen allerdings den auf der **linken Straßenseite** beginnenden **Geh-/Radweg** benutzen. Sie sind jetzt auf dem **Vennbahnradweg**, das Bahngleis eines Werksanschlusses wird später bei der Brückendurchfahrt (Madrider Ring) aufhören.

Der Vennbahn(rad)weg wird gerne benutzt; Junge und Alte, Wanderer, Jogger, Skater, aber vor allem Radler begegnen sich hier. Viele Ruhebänke mit Abfallbehältnissen gibt es. Vor dem Kreuzungsbereich mit einer Straße sind Schilder aufgestellt mit dem Hinweis, dass der Radweg endet. Fahrbahnmarkierungen machen das schon vorher deutlich.

Sie erreichen bald einen Streckenabschnitt, an dem der Weg einen Linksbogen um ein Gebäude macht und wo Sie ein Schild des Radverkehrsnetzes NRW mit dem Ziel **AC-Lintert 3,9/Forster Linde 1,8 km** antreffen. Hier **biegen** Sie nach **rechts ab**. Auf der **Ziegler Straße** geht es durch ein Gewerbegebiet Richtung Westen. Über die **Neuenhofstraße** fahren Sie **geradeaus** in die **Sonnenscheinstraße**, die später auf einem kurzen Abschnitt durch wiesenartiges Gelände verläuft. Hier können Sie zum Beispiel in der Ferne den Lousberg erkennen. Sie verlassen diese Straße mit ihrem „Schönwetternamen" aber erst, wenn es an einer Querstraße gegenüber nur Baugelände bzw. Wiesenzonen gibt. Das ist die **Reinhardstraße**, in die Sie nach **links** abbiegen. So erreichen Sie die **Trierer Straße**.

Gegenüber fahren Sie in die **Schopenhauerstraße**, hier **später** in die **zweite Straße** nach **rechts**, die **Sittarder Straße**.

Weiße Streifen auf Vennbahnradweg - Warnung vor kreuzender Querstraße

Dorf- und Gerichtslinde mit mehr als 10 m Stammesumfang in Schönforst

Auf ihr bleiben Sie, bis Sie an die Schön-forststraße (**dritte Straße rechts**) kommen. Nach **links** biegen Sie hier ab und kommen in die verkehrsberuhigte Zone der **Kirchstraße**. Wenn Sie weiterfahren, treffen Sie vo-raus auf die *Forster Linde*, einen gewaltigen Baum.

Es handelt sich um die ehemalige Dorf- und Gerichtslinde der Herrschaft Schönforst. An der schmalsten Stelle ihres Stammes werden mehr als 10 m Umfang gemessen. Wahrscheinlich wären sechs Personen nötig, um die Hände um den Baum herumzureichen! Die Baumhöhe soll noch etwa 23 m betragen, obwohl Stürme und Blitzeinschläge manchen Schaden verursachten.

Im Schatten dieser Linde befindet sich jetzt noch das „Forster Schöffenhaus". Um 1680 erbaut, war das Gebäude für das Amt Schönforst bis 1798 Gericht und Verwaltung. Es verfügte über eine Wohnung für den Gerichtsboten, eine Gerichtsstube und zwei Einzelzellen. Danach wurde es für Forst die erste Volksschule. Bei der Linde befindet sich auch die Pfarrkirche St. Katharina, Namensgeberin ist die Heilige Katharina von Alexandria, verstorben um 310 n. Chr.

„Forster Schöffenhaus", erbaut um 1680

Jetzt bekommt diese Straße den trefflichen Namen **Forster Linde**. Sie radeln weiter, gegenüber von der Ambrosiusstraße liegt rechts ein schöner Bolzplatz für Kinder und Jugendliche unter 16 Jahren. Auf der rechten Seite liegen Wiesen. Bei einem Linksbogen der Straße kann man auf Waldbestand des Beverbaches schauen und weit in der Ferne den Fernsehturm *Mulleklenkes* über den Baumwipfeln des Aachener Waldes beobachten.

Die Straße Forster Linde endet an der **Lintertstraße**, in die Sie nach **rechts** abbiegen. Ein Radweg ist vorhanden. Es beginnt nach Weiden und Wiesen ein waldiger Streckenanschnitt. In einer Linkskurve liegt rechts ein Nebeneingang zum Friedhof Lintert, dort gegenüber (gelber, besprayter Ziegelsteinbau) ein Weg zum Wasserwerk „**Eicher Stollen**".

Wasserwerk „Eicher Stollen"

Hier wird Grundwasser zu hochwertigem Trinkwasser aufbereitet. Ein Teil der Anlage ist ein wunderschöner Bau aus roten Ziegeln, mit Zinnen und den Jahreszahlen 1871 und 1880 versehen. Zutritt ist hier verboten. Teiche und sumpfige Umgebung sind zum Beispiel Heimat von Libellen.

Wieder an der Lintertstraße setzen Sie Ihre unterbrochene Tour in der ursprünglichen Richtung fort. Es geht bergauf neben dem eingezäunten Friedhof und zwischen alten Bäumen, deren Wurzeln hier und da die Wegdecke anheben. Oben befindet sich rechts die ehemalige **Schule Lintert**. Dahinter fahren Sie nach **rechts** in den **Lintertweg** (mit Zeichen des Radverkehrsnetzes NRW), kommen am Haupteingang des Friedhofs vorbei. Der Weg macht einen Linksknick, links hört der Wald an einer Wiese und einem Reiterhof auf.

Am **Kornelimünsterweg**, einer stark befahrenen Straße, fahren Sie **geradeaus** an einem Parkplatz vorbei in den Waldweg, **Brückchenweg**. Den Zeichen des Radverkehrsnetzes NRW nach rechts **folgen** Sie **nicht**! Sie radeln **geradeaus**, bergab bis zum Lauf des hier windungsreich fließenden **Beverbachs**. Sie benutzen die **links** liegende von zwei **Brücken** für die Weiterfahrt; dahinter geht es auf dem **Brückchenweg** etwa 20 m noch steil bergauf; vielleicht schiebt man auch. Dann ist wieder „normales" Fahren möglich. An der **Kreuzung** „Dornbruchweg" zeigen Zeichen des Radverkehrsnetzes NRW **geradeaus** zur **Monschauer Straße**. An diesem früher sehr gefährlichen Übergang befindet sich jetzt eine **Bedarfsampel** (für Reiter sogar auf angepasster Höhe!).

An Parkplätzen und einer Schützhütte vorbei fahren Sie immer noch durch den Wald, **ohne abzubiegen**. Eine kleine Steigung müssen Sie noch bewältigen, dann haben Sie die **Pionierquelle** erreicht.

Eine renovierte Schutzhütte treffen Sie an. Am Rand dieses Platzes liegt ein Abenteuerspielplatz mit Holzbauten und große Findlingen; in einen haben sich mit ihren Namen Asterix und Obelix verewigt. Ein Schild im Quellbereich macht darauf aufmerksam, dass es kein Trinkwasser ist. Eine Steintafel besagt, dass die Pionierquelle 1939-40 erbaut und 1972 erneuert wurde. Das Quellwasser fließt ständig, fortgeleitet über eine Rinne und durch ein viereckiges Steinbecken, in den Wald. Ruhebänke sind vorhanden. Große, vermutlich sehr alte Nadelbäume zeigen oberirdisch starkes und gewundenes Wurzelwerk.

So verkrallen sich Wurzeln eines Baumriesen

Stauweiher in Diepenbenden

*Der Orkan Kyrill hatte am 18. Januar 2007 im Aachener Wald ver-
hältnismäßig glimpfliche Schäden verursacht. Holzstapel waren hier
längere Zeit gelagert. Ein halbes Jahr später teilte die Stadt Aachen[2]
mit, dass nun etwa 20 ha (etwa 25 Fußballfelder) neu bepflanzt werden müssen. Bei den rund 4.000-5.000 Jungbäumen handelt es sich
mehrheitlich um Buchen und Eichen, also um Baumarten, die dem
künftigen Klimawandel besser trotzen könn(t)en.*

Für die **Heimfahrt** biegen Sie vor der Schutzhütte nach **rechts** ab
in den auch viel begangenen **Weg**. Sie biegen nicht ab, erreichen
noch im Waldbereich einige Villen und danach den **Pommerotter
Weg**. Dort wenden Sie sich nach **links**; es geht zunächst abwärts,
in der Senke über den Kupferbach und mit leichter Steigung an die
Eupener Straße, B 57, in der Nähe von Alt-Linzenzhäuschen. Sie
fahren auf den Radweg der **anderen Straßenseite**, rollen wieder
abwärts, nebenan eine Wiese am Waldrand. In diesem Terrain liegen Quellbereiche der Wurm.

In Höhe einer Bushaltestelle zweigt zwischen zwei Häusern ein
Weg nach **links** ab in den Wald. Dorthin sollten Sie fahren, zwischen den Bäumen wendet der Weg sich ein wenig nach rechts, auch
noch ein bisschen bergauf, danach aber wieder bergab. An einem
Ziegelsteinbau der STAWAG vorbei kommen Sie aus dem Waldstück heraus auf den **Grindelweg**, den Sie nach **links** benutzen.
Dabei rollen Sie am Haus „Grindel" vorbei und ganz bequem auf
die kreisförmige **Stauanlage Diepenbenden** zu.

---

2 Presse- und Informationsbüro am 12.07.2007.

Hier gibt es auch Wasservögel. – Der Fachbereich Umwelt der Stadt Aachen weist unter anderem auf Folgendes hin: „Entenbrot" macht Enten tot! Die Infotafel erklärt vieles zum Wohl der Tier- und Umwelt und schließt: „Sie tun den Tieren nichts Gutes und Sie schaden dem Gewässer!" Am See verläuft ein Rundweg.

Im Weiher ist ein Bootssteg vor dem Vereinshaus des „Aachener Modellboot-Clubs 1960 e. V.", der hier zu bestimmten Zeiten Bootsfahrten durchführt.

Den Grindelweg verlassen Sie in den nach **links** abzweigenden **Bischof-Hemmerle-Weg**, erkennbar auch an seiner leichten Steigung zwischen Wiesen. Geradeaus ist es dann der **Eberburgweg**, der später für den Kfz-Verkehr durch Pfähle gesperrt ist.

Hier, am Eberburgweg, Grindelweg sowie auf Teilen der durchradelten Strecke im letzten Waldstück verlief ein Abschnitt des sogenannten Landgrabens an der Grenze des Aachener Reiches (1603-1794). Nach rechts vor dem Wiesengelände kann man einige Reste davon entdecken, aber kaum noch Ursprüngliches der Aachener Landwehr. Der äußere Landgraben besaß in der Regel eine mit Hainbuchen bepflanzte Erdaufschüttung zwischen zwei Gräben, der innere Landgraben dagegen einen doppelten Wall, von denen nur einer bepflanzt war. Diese Hecken mussten gepflegt und beschnitten werden. Das gewonnene Holz wurde auch wirtschaftlich genutzt. Im Aachener Wald ist der Wall des äußeren Landgrabens größtenteils noch vorhanden, die Gräben sind weniger auffällig. Den Landgraben findet man nur noch an einigen Stellen, zum Beispiel auf dem Wege vom Obelisken „Am Blauen Stein" in das Wurmtal. Deutlicher ist er noch am Friedrichswald auf der steilen Wegstrecke Friedrichsweg – Alter Landgraben – Philippionsweg mit Graben, Wall und knorrigen Bäumen, beliebt vor allem bei Kindern zum Klettern.

Mühelos rollen Sie nun den Eberburgweg hinab, Reiterstall und -platz liegen links, rechts tauchen zwischen den Bäumen hier und da villenartige Häuser auf. Am Ende treffen Sie auf den **Luxemburger Ring**. Mit Verkehrsampeln kommen Sie durch eine **Eisenbahnbrücke** (Aachen-Lüttich) an die **Maria-Theresia-Allee**, biegen hier **rechts** ab auf einen Rad-/Gehweg mit schattenspendenden Bäumen. Links sehen Sie eine Wiese, die wegen ihres Gefälles bei Schneefall eine beliebte Rodelbahn ist. Auch die Jugendherberge finden Sie hier. Sie verlassen die Maria-Theresia-Allee aber erst an der **zweiten Straße**, der **Yorckstraße**, nach **links**. Es geht wieder bergab bis zur **Kaiser-Friedrich-Allee**, die hier nach links durch einen Grünstreifen von der gegenüberliegenden Allee getrennt ist. **Ihre Route** verläuft hier nach **rechts**.

In diesem Grünstreifen fließt die Pau. Es ist ein Bach, dessen Quellen sich in der Nähe des Brüsseler Rings und der Straße Am Wassersprung finden lassen. Sein Wasser wird hier in einem Becken zum Abfließen gesammelt. Am Überweg der beiden Alleestraßen kommt es zu einem teichartigen Stau. Hinter dem Weg bildet sich zwischen Kaiser-Friedrich-Allee und der Straße Am Hangeweiher eine Freifläche, die stadteinwärts bei einer Brüstung endet. Mit einer deutlichen Sichtachse gibt es einen Aus- bzw. Durchblick in den Kaiser-Friedrich-Park. Das Wasser der Pau plätschert hier in kleinen Kaskaden herab und gelangt in den Weiher dieses alten Parks, auch Hangeweiher genannt. Die Anlage ist bei Jung und Alt sehr beliebt und wird viel besucht. Radfahrer sollten hier besser schieben!

Stadteinwärts kehren Sie zur Kaiser-Friedrich-Allee zurück, fahren nach links am Park entlang. Die **Aachener-Münchener-Allee** radeln Sie hinab. Den **Kreisverkehr** verlassen Sie an der **ersten** Ausfahrt in die **Goethestraße**, die an der **nächsten** Verkehrsampel eine Weiterfahrt nach **rechts** in die **Hohenstaufenallee** ermöglicht. Dann, auf der **Mozartstraße**, geht es unter der **Eisenbahnbrücke** weiter. **Dahinter** fahren Sie sogleich nach **links** in die **Reumontstraße**. Die **Südstraße** zweigt nach wenigen Metern schon nach **rechts** ab. Der **Südstraße** folgen Sie nun, den **Boxgraben** überfahren Sie **geradeaus** in die **Krakaustraße**, gelangen in die **Mörgensstraße** bis zum **Alexianer-/Löhergraben**. Gegenüber, durch die **Annastraße**, nähert sich Ihre Rückfahrt in der Innenstadt über den **Fischmarkt** und den letzten Metern auf der **Johannes-Paul-II.-Straße** ihrem Ende.

Viel Spaß beim Fahren!

„Pau"-Kaskaden mit Blick zum Weiher Kaiser-Friedrich-Park

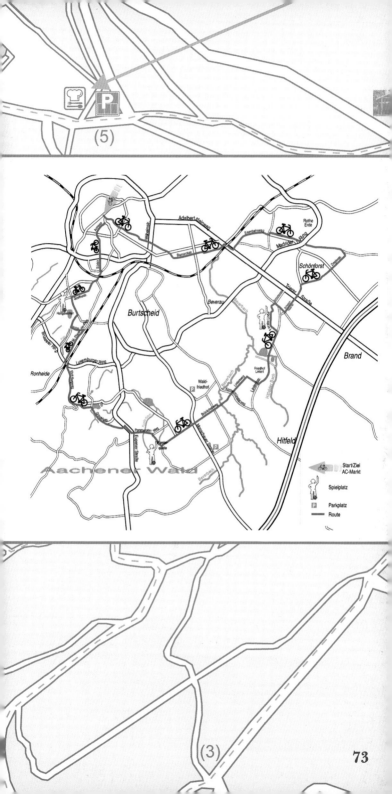

TOUR 6

Eine junge Landschaft
am Blausteinsee

> **Tour A ab/bis Merzbrück, B 264 (P): Merzbrück – Sankt Jöris – Kinzweiler –** Blausteinsee – Fronhoven – Niedermerz – Weiler Langweiler – **Warden – Begau – Merzbrück, B 264, etwa 28 km**
> **Tour B ab/bis Blausteinsee (P):** Blausteinsee – Fronhoven – Niedermerz – **Aldenhoven – Niedermerz –** Weiler Langweiler – **Gedenkstein Laurenzberg – Hafen Blausteinsee – Blausteinsee (P), etwa 21 km**

Die grün geschriebenen Orte werden in beiden Touren angefahren, ihre Routen sind in der Skizze unterschiedlich dargestellt.

Beide Radtouren führen an den Freizeit- und Erholungsschwerpunkt Blausteinsee und um ihn herum. Der See ist in etwa 100 ha groß, bis zu 46 m tief, künstlich entstanden nördlich von Eschweiler im Rahmen der Rekultivierung eines ehemaligen Braunkohlentagebaus im Rheinischen Braunkohlenrevier. Etwa 25 Millionen m³ Oberflächenwasser soll das Restloch enthalten auf 129 m ü. NN.

Der Braunkohlentagebau hier durch die BIAG Zukunft[1] geht auf das Jahr 1910 zurück. Zwischen Eschweiler und Hehlrath wurde beim Aufschluss des Tagebaus Zukunft bereits 1935 ein erster Schaufelbagger eingesetzt. 1939 musste die Straßenbahnstrecke von Eschweiler über Hehlrath nach Alsdorf verlegt werden. Durch Zerstörungen während des Zweiten Weltkriegs kam der Tagebau Zukunft 1944 zum Erliegen. Ein Feuer in einem Kohlenstock brannte noch bis August 1945.

Die Förderung begann wieder im Februar 1946. Archäologische Funde dabei wurden ab 1971 vom Rheinischen Landesmuseum Bonn gesammelt und verwaltet. Gleichzeitig mit dem Abbau schritt auch die Rekultivierung voran. 1974 wurde die Kirche in Fronhoven abgerissen, seine letzten Bewohner dann 1984 umgesiedelt, zwischen 1953 bis 1985 insgesamt etwa 2.925 Personen. Man hatte in den Jahren etwa 530 Millionen t Kohle gewonnen. Am 3. September 1987 wurde die Braunkohlenförderung eingestellt. Die Trägergesellschaft Blausteinsee hatten die Kommunen Aldenhoven, Alsdorf, Eschweiler und Würselen bereits 1983 gegründet.

---

1 „Braunkohle-Industrie-Aktien-Gesellschaft-Zukunft" im Osten des Aachener Steinkohlenreviers mit Sitz in Eschweiler.

Dorfteich in St. Jöris an der ehemaligen Klosterkirche

Tour A startet vom Parkstreifen der B 264 neben dem Flugplatz Merzbrück (etwa vor dem Landeplatz des Rettungshubschraubers bzw. vor dem Restaurant *Albatros*), in Sichtweite der Autobahnanschlussstelle „5a Broichweiden" der BAB 44. Eine Querungshilfe leitet Sie sicher auf den Radweg der gegenüberliegenden Straßenseite. Sie fahren auf dem befestigen Weg in die landwirtschaftlich genutzten Felder und folgen dem Wegweiser des Radverkehrsnetzes NRW mit der Zielangabe **EW-St. Jöris** und zum **Knotenpunkt**[2] Nr. **78**. Dort, inmitten der Felder, biegen Sie rechts ab in Richtung **KP** Nr. **79**. Kurz vor St. Jöris überqueren Sie den unbeschrankten Übergang einer stillgelegten Bahnlinie. Auf der **Neusener Straße** geht es in St. Jöris weiter an einem rechts liegenden Weiher vorbei.

Über die Kreuzung Merzbrücker Straße/Merzbachstraße hinweg gelangen Sie in den **Georgsweg**. Ein Pfeilzeichenschild (Sechseckform mit grünem Pfeil, Radsymbol und Wasserburgen-Logo auf weißem Grund) gibt Ihnen dort Hilfe. Dabei fahren Sie zwischen zwei Golfplätzen hindurch zum *Haus Kambach*[3] in Hehlrath, KP Nr. 79 in der **Kambachstraße**.

Schloss Kambach in Eschweiler-Hehlrath

---

2 Künftig KP.
3 Haus Kambach entstand im 15. Jahrhundert, wurde 1701 erneuert und war ehemals Lehngut der Kölner Dompropstei.

Nun heißen Ihre nächsten Ziele **EW-Kinzweiler** und **KP** Nr. **67**, und zwar nach links in die Kambachstraße. Nach etwa 200 m mündet von links der Mühlenweg, am Namensschild der Zusatz: *„Es gab ehemals drei Merzbachmühlen im Ort: Obere Mühle, Untere Mühle (Mühlchen) und Oelmühle".* Wenige Meter voraus verläuft die Kambachstraße nach rechts und endet an der **Wardener Straße**, die Sie **geradeaus** überqueren. In der Straße **Langendorfer Hof** geht es weiter. Hier liegt links hinter Hecken/Büschen verborgen die *Burg Kinzweiler*, rechts ein großer, neuer Bauernhof[4].

Bei der Weiterfahrt fällt gar nicht mehr auf, dass Straßen, Wege, Felder und Wiesen oder Häuser durch Rekultivierung und auf Neuland entstanden sind. Alles ist flach gehalten; von einer Brücke über die L 240 gibt es eine schöne Fernsicht auf die Umgebung, die Dampfschwaden des Kraftwerks Weisweiler zeigen die Windrichtung an.

Dann sind Sie aber auch schon am **KP** Nr. **67**, fahren **geradeaus**, **Blausteinsee 2,9 km**, biegen bei den Pfeilzeichen (Sechseckform mit Pfeil, Radsymbol grün auf weißem Grund) nach **rechts** ab. Am rechten Straßenrand wächst später ein Gebüschstreifen, auch ein nützlicher Windschutz. Zur Alsdorfer Straße ist es nicht weit. Ein davor parallel zu ihr angelegter Wirtschaftsweg als Rad-/Fußweg führt Sie nach **links**.

Die Ortsbauerngemeinschaft Dürwiss erklärt dazu auf einer Tafel einige ihrer Anliegen: „Halten Sie Blickkontakt zum Fahrzeugführer – Gruppe BITTE auf eine Wegeseite ausweichen – VORSICHT: Wegeverschmutzung bei feuchter Witterung – VORSICHT: Staubentwicklung auf trockenen Wegen – Hallo, Hunde: Traktoren sind gefährlich und das Wild liebt die Ruhe – Gemeinsam geht es besser – Bei Fragen sprechen Sie uns an!"

Dieser Weg **schwenkt** an seinem Ende nach **rechts**, davor auf dem Asphalt noch die Beschriftung: „MITEINANDER GEHT'S, Symbole für Fußgänger, Skater, Fahrrad und Traktor". **Geradeaus** fahren Sie auf der Straße **Zum Blausteinsee**, die dort in einer Rechtskurve eine Einfahrt zum **Parkplatz Blausteinsee** hat.

Dieser Parkplatz ist auch Ausgangspunkt für Tour B. Diesen Parkplatz erreicht man mit dem Kfz von der BAB A 4, Ausfahrt Eschweiler, über die L 238, Rue de Wattrelos und die Alsdorfer Straße (Beschilderung Blausteinsee).

---

4 Aussiedlerhof aus Langendorf; der Ort musste 1977 dem Braunkohlentagebau weichen.

Der Blausteinsee wird hier von einem Grüngürtel umsäumt, dessen Büsche und Bäume inzwischen auch schon so gewachsen sind, dass ein totaler Ausblick auf den gesamten See nicht mehr möglich ist. Aber der Rest[5] ist auch noch schön! Bänke, auch einmal mit Tisch, laden zum Sitzen, Pausieren oder Picknicken ein. Vielleicht noch ein Foto zur Erinnerung geschossen!

Beide Routen verlaufen ab hier für einige Kilometer gleich. Sie fahren auf der Route in Richtung **KP Nr. 83**, der Blausteinsee liegt links. Aber schon weit vor KP Nr. 83 biegen Sie dort **links** ab, wo der Wegweiser des Radverkehrsnetzes NRW mit **Wasserburgen-Logo** das **Ziel Aldenhoven, 8,9 km**, angibt. Der Wald des Grüngürtels nimmt Sie nun auf, von rechts könnten typische Geräusche eines Tennisplatzes herüberklingen, und die Straße läuft in eine Senke hinab und wieder hinauf. Dann öffnet sich nach links eine freie Fläche mit Feldern, der Buschbestand endet und ein nicht mehr asphaltierter Weg **zweigt** nach **links ab**. Hier müssen Sie **abbiegen** und bleiben dann am Gebüsch- bzw. Waldesrand. Das Wasserburgen-Logo zeigt Ihnen ab und zu, dass Sie noch auf der richtigen Strecke sind. Selten lassen kleine Lücken zwischen Büschen und Bäumen einen Blick auf den See zu. Abzweigende Pfade sind als Gehweg/Privatweg beschildert; Sie fahren ja Rad. Der Weg macht einen **großen Bogen** nach rechts und führt auch an einem Parkplatz vorbei, den man mit dem Kfz. auch über die L 238 von Fronhoven her erreichen könnte.

---

5 Tour B führt an den See heran.

Die Dampfschwaden des Kraftwerks
Weisweiler sind unübersehbar

Die Route führt nicht unmittelbar an die L 238 und nach Fronhoven heran, sondern macht hier einen **Linksschwenk** und läuft parallel dazu. Sie folgen diesem Weg mit dem Grüngürtel auf der linken Seite. Ein Gedenkstein erinnert an die abgebaggerte Gemeinde Langendorf. Je nach Jahreszeit können Sie sprießende Blätter, sich verfärbendes Laub oder Beeren beobachten, in die andere Richtung sehen Sie über Äcker mit wiegenden Kornfeldern, hohen Maisstauden, grünen Rüben, gelb blühenden Zwischenfrüchten oder abgeernteten Flächen.

Bald bemerken Sie rechts voraus einige Gebäude, und Ihr Weg macht zuerst eine **Rechtskurve**, trifft in einer **Linkskurve** auf eine **querende Asphaltstraße**, die Sie aber überqueren (Radroutenschilder zeigen allerdings nach rechts!). Ihr Routenweg **wendet** sich nun wieder nach **links**, Wald-/Buschgelände sowie Felder/Äcker begleiten Sie wie schon zuvor. Vielleicht können Sie auch große, schwere landwirtschaftliche Geräte im Einsatz beobachten, beherrscht von nur einer Person.

Wenn links die Bebauung anfängt, sind Sie in **Niedermerz**, in der **Laurenzberger Straße**. Dann erreichen Sie die **Kreuzung** mit den Straßen **In der Gracht** (geradeaus), **Hofbongardstraße** (nach links) und **Hausener Weg** (nach rechts).

Jetzt trennt sich Tour A wieder von Tour B!
    Bei **Tour A** biegen Sie an der Kreuzung nach **links** in die **Hofbongardstraße** ab, von der Sie im Ortsinneren nach **links** in die

Straße **Am Merzbach** fahren (Pfeilwegweiser Hoengen-Alsdorf mit Radsymbol, rot auf weißem Grund). Auf ihr kommen Sie neben dem gleichnamigen Bach aus Niedermerz heraus und erreichen nach etwa 600 m die **Querstraße**, **Langweilerstraße**, und treffen wieder auf die Route von Tour B.

Für die **Tour B** fahren Sie an der Kreuzung **geradeaus**, Pfeilzeichen Jülich/Aldenhoven. **In der Gracht** heißt die Straße, mit ihr kreuzen Sie noch die **Johannesstraße**, kommen am rechts liegenden Friedhof vorbei und dann aus dem Ort heraus. Sie bleiben auf der Straße, in einer leichten Rechtskurve verläuft sie nun auf einer Brücke **über** die L 228, dahinter in einer Linkskurve wieder hinab in die Felder und auf ein Waldgelände zu. Hier befahren Sie die Straße nun nach **links**, überqueren in dem Waldgelände bald einen Bach und sehen dann vor sich ein **Wiesengelände**, auch als **Bolzplatz** ausgewiesen. Nun müssen Sie nach rechts, an dem letzten von vier großen Findlingen nach **links**. Sie sind am Eingang des mit großer Gerätevielfalt 1994 errichteten **Kinderspielplatzes** in **Aldenhoven**, genauer gesagt, in **Neu-Pattern**.

Diesen Spielplatz verlassen Sie in das Neubaugebiet hinein und sind dann auf der **Karl-Arnold-Ring** genannten Straße. Der Karl-Arnold-Ring macht einen Linksbogen, endet an der **Niedermerzer Straße**, die Sie **geradeaus** in die **Geusenstraße** überfahren. Die Geusenstraße macht beim vierten Haus auf der linken Seite eine **Kurve nach rechts**. Sie bleiben auf der Geusenstraße; an der nächsten Straße, **Am Alten Bahnhof**, fahren Sie nach links und verlassen den Kreisverkehr an der **zweiten Ausfahrt**. Durch ein Gewerbegebiet kommen Sie zur **Kapuzinerstraße**, die rechts nach **Aldenhoven** führt. Rechts an dieser Straße liegt ein Restaurant.

Wunderschöner Spielplatz in Neu-Pattern

Nach einem Aufenthalt in Aldenhoven kehren Sie für die **Heim-fahrt** hierher zurück. Von der Kapuzinerstraße kommend, biegen Sie nach **links** ab, aber nur wenige Meter. Sie treffen dann auf einen **Radweg** auf der ehemaligen Bahntrasse Aachen-Jülich. Diesen Radweg benutzen Sie nach rechts, **überqueren** hier die Straße **Am Alten Bahnhof**. Etwas später biegen Sie an der **L 228** nach **links** ab und kommen auf dem Radweg sehr schnell zu einer großen **Kreuzung**. Der Radweg leitet Sie noch über die **Niedermerzer Straße**, wo Sie dann auf dem Radweg nach **rechts über** die **L 228** nach **Niedermerz** in die **Von-Paland-Straße** gelangen.

Vornean liegen wieder einige Neubauten, rechts fällt allerdings ein schönes, reetgedecktes Haus auf. Sie bleiben fortan auf der Von-Paland-Straße in Niedermerz und können vereinzelt noch „alte" Gebäude entdecken, denn Niedermerz blieb vom Tagebau ausgeklammert. Auf der **Langweiler**straße fahren Sie aus Niedermerz heraus und außerhalb des Ortes zu der von links einmündenden Straße **Am Merzbach**, also zum **Wiedersehen** mit **Tour A**.

Zu **Beginn** einer **Rechtskurve** auf der Langweilerstraße fällt Ihnen ein nach **links** zeigendes Radroutenschild nach Eschweiler/Alsdorf-Warden auf (grüne(s) Schrift/Radsymbol auf weißem Grund); Sie sollten ihm **kurzfristig folgen**, weil es sogleich ein weiteres **nach rechts** gibt.

Hier finden Sie ein Denkmal, das an die ehemalige Gemeinde Obermerz erinnert, bevor sie wegen des Tagebaus Zukunft/Inden abgebaggert wurde. Obermerz besaß schon 1481 die Kapelle zum Heiligen Cornelius, 1746 die Wendelinuskapelle und hatte 1972 zuletzt 108 Einwohner.

Aber kehren Sie zur Langweilerstraße[6] **zurück**. Am Ende der Kurve, also vor der Brücke über die Autobahn A 44, folgen Sie der **links** abzweigenden Straße **Weiler Langweiler** in den **Weiler-Langweiler** hinein. Beachten Sie bitte noch nicht die Radroutenschilder, sondern fahren rechts in den ellipsenförmigen Kreis-(Verkehr)! Die Straße umschließt hier den parkähnlich gestalteten Ortskern.

In dieser Anlage sollten Sie sich das auf einem Sockel stehende Kreuz anschauen mit folgender Inschrift: „Von 1904 bis 1973 schaute ich vom Turm auf das Kirchspiel Lohn herab. 1983 wurde ich hier aufgestellt zur Erinnerung an die alte Heimat." Auch ein kleiner Kinderspielplatz erfreut hier Interessierte. Es steht hier unter anderem

---

6 Mitte August 2007 weist unter dem Radroutenschild eine Tafel auf Zeckengefahr und die Folgen für Mensch und Hund hin.

eine „Rechenmaschine", bei der auf drei parallel übereinander befestigten Eisenrohren je 10 verschiebbare Kugeln vorhanden sind. Nahebei steht ein Schild des Bürgermeisters „Spielplatz für Kinder unter 12 Jahren … und auf eigene Gefahr". Wollte er vielleicht auf die Gefahren falscher Berechnungen hinweisen?

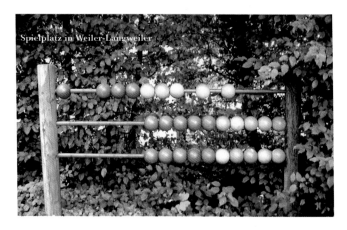
Spielplatz in Weiler-Langweiler

Für die Weiterfahrt trennen sich hier wieder Tour A und Tour B.

Bei **Tour A** verlassen Sie in der alten Richtung den Weiler **geradeaus** in die Feldflur, biegen zuerst **links**, dann wieder **rechts** ab und stoppen an einer **Weggabelung**.

*Dort sind auf der dreieckartigen Rasenfläche **Gedenksteine** aufgestellt. Sie erinnern an die Kommune Langweiler, umgesiedelt durch den Tagebau Zukunft/Inden. Der Ort existierte von 851-1969, hatte 650 Einwohner auf einer Fläche von etwa 346 ha, seit 1863 eine Schule und seit 1857 die Jüdische Gemeinde Langweiler, Warden und Höngen mit 200 Mitgliedern bis zum 09.11.1938. Die Schaufelradfigur eines Abraumbaggers aus Stein weist das Jahr 1969 auf.*

Als **Linksabbieger** fahren Sie weiter durch die Felder, bei der ersten Straße nach **rechts** und sind wieder auf einer Route des Radverkehrsnetzes NRW, und zwar in Richtung **KP** Nr. **65**. Sehr schnell sind Sie in **Warden**, auf der Straße **Am Alten Gericht**. Sie fahren über die Goethestraße in die **Jakobstraße** mit dem nächsten Ziel **Begau** und **KP** Nr. **69**. Hier treffen Sie wieder auf die stillgelegte Bahnstrecke. Nach etwa 1,5 km erreichen Sie **KP** Nr. **78**, orientieren Ihre Weiterfahrt in Richtung **KP** Nr. **85**. Aber den erreichen Sie nicht – vorher sind Sie wieder an Ihrem **Ausgangspunkt** und (hoffentlich) in guter „Stimmung" vom Rad gestiegen!

Bei **Tour B** verlassen Sie das Gelände des Spielplatzes nach **links** und biegen an einer Bushaltestelle nach rechts ab. Die Straße (mit Richtungspfeil) führt zwischen größeren landwirtschaftlichen Gebäuden aus der neuen Ansiedlung hinaus in die weite Ebene. Es geht jetzt durch Wiesen, Anbauflächen mit Kartoffeln, Rüben, Getreide oder hohem, dicht stehendem Mais immer weiter. Auch wachsen bald wieder dichte Buschstreifen als Wind- oder Sonnenschutz. In einer Ausbuchtung vor Ihnen erinnert ein **Gedenkstein** an das ehemalige Dorf Laurenzberg.

Der Ort wurde wegen des Tagebaus Zukunft/Inden umgesiedelt. Zuletzt und vor der Abbaggerung im Jahr 1971 lebten in der Gemeinde 208 Einwohner. Sie konnte auf eine lange Vergangenheit zurückblicken, zum Beispiel auf ein Gotteshaus aus dem 9. Jahrhundert auf dem Berge Laurentii, die Kirche von 1342, die Burg Laurenzberg von 1347 und eine Schule von 1523.

Lockende Beeren im Herbst

Danach weicht die Straße zu ihrem Ende hin von der Geraden ein wenig nach links aus. An der nächsten **Wegkreuzung** biegen Sie **links** ab. Neben einem Gebüschstreifen fahren Sie bis zur nächsten **Wegkreuzung**[7] und dort nach **rechts**. Links begleitet Sie ein Waldstreifen, rechts erlauben weite Ackerflächen Ausblicke in die Ferne. Bald fahren Sie in einer **Rechtskurve** weiter. Wenn Sie hier auf eine Landkarte schauen, würden Sie

Bunte Vielfalt im herbstlichen Gebüsch

7 Geradeaus werden Skater auf der asphaltierten Straße zur Vorsicht gemahnt. Ihr steiler Streckenabschnitt gilt als Unfallschwerpunkt!

bemerken, dass nur wenige Meter zu Ihrer Linken hinter dem dichten Grünstreifen die Wasserfläche liegt. Erfreuen Sie sich an der schönen Umgebung, ein Vogelschutzgebiet ist hier vorhanden, schöne Blumen, einzeln oder in Gruppen blühen hier – oder – die Luft trägt Ihnen den unangenehmen Duft eines gefüllten Areals zu.

Am Ende fahren Sie nach **links**, am nächsten Weg immer **geradeaus**, bis dieser eine **Rechtswendung** macht. Genau hier führt ein **Pfad** nach **links**, eine kleine Böschung hinab und mündet zwischen zwei Felsbrocken auf der Straße **Zum Blausteinsee**.

Den breiten Rad-/Fußweg auf der anderen Fahrbahnseite rollen Sie nach **links bergab** und dann direkt zu einer Wendeschleife vor das Ufer des Blausteinsees, zum Hafen Blausteinsee.

Hier gibt es neben Parkplätzen einen kleinen Restaurantbetrieb (nur ab 14 Uhr geöffnet bei schönem (?) Wetter). Im See erkennen Sie eine abgeteilte Fläche zum Baden, einen Bereich mit Anlegesteg für Boote oder Surfer. Für Taucher gibt es eine Nachfüllstation für deren Luftflaschen.

Für die **Rückkehr** zum **Ausgangspunkt** am Parkplatz benutzen Sie wieder diese Straße. Er ist nicht (mehr) weit entfernt.

Angenehmes und ruhiges Fahren!

Hafen am Blausteinsee

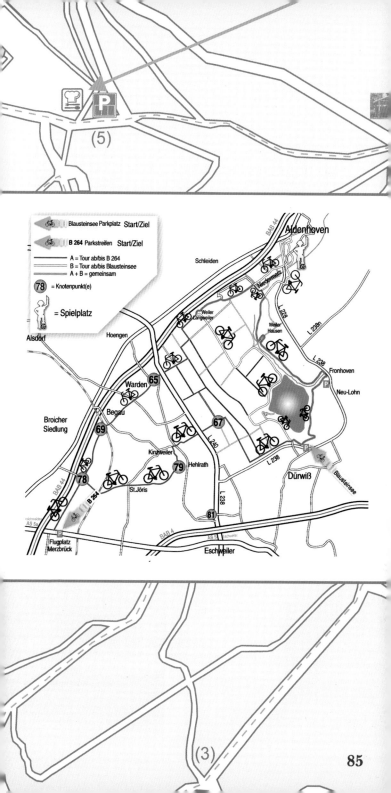

TOUR 7

Wo Wurm draufsteht – ist auch ein(e) Wurm drin

> Übach-Palenberg – Rimburg – Marienberg – Scherpenseel – Grotenrath – Teverener Heide – Gillrath – Nierstraß – Gillrath – Geilenkirchen – Wurmtalauen – Übach-Palenberg, etwa 30 km

Start/Ziel: Übach-Palenberg

Beginnen Sie die Fahrradtour in Übach-Palenberg in der Bahnhofstraße (L 47). Für PKW findet man hier Abstellplätze „Parken und Reisen", Parkmöglichkeiten auf der L 47 oder deren Nebenstraßen. Man könnte auch mit der Eisenbahn anreisen.

In den Monaten von Ostern bis zum letzten Sonntag im September fahren Züge der Selfkantbahn[1] zwischen Schierwaldenrath und Gillrath an Sonn- und Feiertagen, zusätzlich auch an bestimmten Samstagen sowie Nikolausfahrten, dann auch mit Dampflok. Bei der Beschreibung wird auf diesen Routenabschnitt eingegangen.

Von der **Bahnhofstraße** fahren Sie in **südliche** Richtung. Etwa in Höhe der **Otbertstraße** beginnt auf der L 47 eine **Linkskurve**. Hier treffen Sie auf ein **Pfeilzeichen** des Radverkehrsnetzes NRW nach **halbrechts** und in Richtung **Knotenpunkt**[2] Nr. **36**. Es zeigt in einen schmalen Weg, **Eburonenstraße** genannt.

Farbenprächtige Hecke mit Details

---

1 Fahrzeiten, Fahrpläne sowie Fahrpreise erfahren Sie im Internet: www.selfkantbahn.de
2 Künftig KP.

Schloss Rimburg

Der Weg wird später breiter, mündet in die **Bruchhausener Straße**. Auf dieser Strecke kommen Sie an einem größeren landwirtschaftlichen Betrieb vorbei. Auf dem Hof fällt ein Schild „Kunsthalle" auf. Rechts sehen Sie die Eisenbahnstrecke Aachen-Mönchengladbach; hier hört auch der Stadtteil Rimburg auf.

Die Bruchhausener Straße macht schließlich vor einem Wald einen **Rechtsknick** und führt danach über einen beschrankten Bahnübergang zum KP Nr. 36. Hier fahren Sie an dem links liegenden **Wasserschloss Rimburg** vorbei und direkt zum **KP Nr. 36**, in Steinwurfweite der Grenze zu den Niederlanden.

Wasserschloss Rimburg wurde im 12. Jahrhundert als Burg erbaut und im 13. Jahrhundert nach einer Zerstörung wieder errichtet mit äußerer Befestigungsanlage und vier Türmen. Während der folgenden Jahre wechselten auf Grund kriegerischer Ereignisse sehr oft die Besitzer. Gegen Ende des 17. Jahrhunderts wurde die inzwischen ruinierte Burg total instand gesetzt, zum Beispiel der Bergfried zum Treppenturm umgebaut. 1899 erhielt das Schloss eine barocke Vorderseite, sein südwestlicher Flankierungsturm wurde aufgestockt; die restlichen Türme existierten bereits nicht mehr. Es entstanden eine Vorburg, auf der Burginsel noch Gebäude für Gärtner und Förster. Der nordöstliche Turm mit seinen Kasematten aus der zweite Bauphase ist noch erhalten. Die Anlage ist heute als Denkmal geschützt.

Morgensonne an der Wurm
bei Schloss Rimburg

Auf der für PKW gesperrten Brücke sind Sie an der **Wurm**, hier als Grenzfluss: Gegenüber sind es noch wenige Meter zum niederländischen **KP Nr. 41**. Auf der **Burgstraat** in **Rimburg** fahren Sie an der Kirche vorbei bis zur nächsten Kreuzung, an der Sie nach **rechts** abbiegen in den **Palenbergerweg** (Richtung **KP Nr. 40**). Links gegenüber befindet sich ein großer, weißer Gebäudekomplex mit der Inschrift „Hoeve De Kruisstraat" über der hohen Hofeinfahrt.

Am Ende der zu Landgraaf gehörenden Bebauung sind Sie schon wieder in Deutschland. Der Hinweis auf **KP Nr. 40** leitet Sie nach **links** in die Straße **Valkerhofstadt**, dort ein wenig bergauf an einem Bauernhof vorbei. Rechts liegt noch ein Waldstreifen, anschließend beginnen Felder. Bald erreichen Sie Häuser vom Ortsteil Marienberg und die **Kreuzung** an der L 225 (Vom-Stein-Straße/Marienstraße). Sie sind jetzt **Linksabbieger**, der Stadtteil Marienberg endet. KP Nr. 40 ist immer noch Ihr Ziel. Links von der L 225 befindet sich eine kaum einsehbare Kiesgrube (?), nach rechts können Sie weit übers Ackerland schauen. Am Ende dieser Grube fahren Sie nach **links**. Zur rechten Seite hin liegen Felder, fernab Gewächshäuser. Sie biegen aber **erst** an der **zweiten Straße** nach **rechts** ab. Der Grenzverlauf hier zwischen den Niederlanden und Deutschland bleibt unbemerkt. Genießen Sie die Fahrt durch die Felder. Es gibt fast zu jeder Jahreszeit etwas zu beobachten, vielleicht im Herbst große Flächen mit gelb blühender Zwischenfrucht, in die sich auch Niederwild zurückziehen kann.

Kirchturm von Scherpenseel

Dann haben Sie **Scherpenseel** erreicht, den Kirchturm konnte man schon von weitem sehen. Sie kommen an die **L 42**, die hier **Heerlener Straße** heißt, die Sie entsprechend dem **Rechts-Linkshaken** auf dem Radroutenzeichen **überqueren**. **In der Heide** geht es weiter zum **KP** Nr. **40** an der Straße **Scheleberg** (außerhalb des Ortes). Nun ist es nicht mehr weit zum etwa 900 m entfernt liegenden **KP** Nr. **65**. Hier biegen Sie ab nach **links** in Richtung **KP** Nr. **02**. Die **Scherpenseeler Straße** bringt Sie nach **Grotenrath**. **Am Grenzweg** müssen Sie nach **rechts** abbiegen, aber **sofort** wieder nach **links** in die **Waldstraße**. Bedingt durch den Straßenverlauf gibt es hier einen dreieckförmigen Platz mit Baumbestand. Auf der Waldstraße verlassen Sie Grotenrath, wo Sie wieder der Routenbeschilderung KP Nr. 02 (Gangelt/Gillrath) nach **links** folgen. Die Asphaltstraße **endet** an einem rechts liegenden **Parkplatz** mit Infotafeln und Picknickmöglichkeit. Geradeaus liegt das Naturschutzgebiet **Teverener Heide**.

Die Teverener Heide im Kreis Heinsberg ist mit einer Fläche von etwa 450 ha ein Naturschutzgebiet mit Offenlandbiotopen, zum Beispiel Heide, Moore, Feuchtwiesen und Sandtrockenrasen, ein Lebensraum für seltene Tier- und Pflanzenarten.

Im Heidemoorbiotop gelten besondere Schutzbestimmungen, weil Heidemoore und Heidegewässer als Einzige von Natur aus gehölzfrei sind. In abflusslosen Senken über wasseranstauenden und nährstoffarmen

Quarzsanden sind sie entstanden zwischen Sanddünen, die vor etwa 120.000-10.000 Jahren vom Maastal herangeweht wurden. Diese Moore werden nur von Niederschlägen gespeist, regenarme oder -reiche Jahre wirken sich dabei aus. In diesem Lebensraum gelten einige Pflanzen- und Tierarten schon als stark gefährdet oder vom Aussterben bedroht, sie sind auf der Roten Liste des Landes NRW vermerkt.

Unterwegs nach Gillrath

Abfahrtbereite Dampflok der
Selfkantbahn in Schierwaldenrath

Sie setzen Ihre Fahrt in Richtung (**Neu-)Teveren**, KP Nr. 02, fort. Links begleitet Sie der Wald der Teverener Heide, rechts sind es landwirtschaftliche Nutzflächen. Der Zaun hier schirmt die NATO-Airbase ab. Den Ort (Neu)-**Teveren** erreichen Sie an der **Lilienthalallee**; nach links kommen Sie ans Haupttor des Flugplatzes, nach **rechts** fahren Sie und sind nach etwa 150 m am **KP Nr. 02**.

Hier verlassen Sie die Lilienthalallee nach **links** und orientieren sich an der Beschilderung (Gangelt/Gillrath) Richtung **KP** Nr. 03. Der innerörtliche Wegweiser „Sportplatz" ist ein Hilfsziel. Den Rasensportplatz haben Sie bald erreicht. Hier **folgen** Sie aber **nicht** der Beschilderung (Gangelt/Gillrath) Richtung KP Nr. 03 nach links, **sondern** fahren **geradeaus** an einem **Aschensportplatz vorbei**, bis Sie auf eine Straße (**Bockelzgracht**) treffen, an der am Straßenrand ein **Steinkreuz** in Blumenbeeten steht. Ruhebänke gibt es dort auch. Je nach Windrichtung befinden Sie sich hier in der Zone landender oder startender NATO-AWACS-Aufklärungsflugzeuge vom Typ Boing, deren veraltete Triebwerke gewaltigen Lärm erzeugen.

Sie fahren etwa **200 m** nach **links**, biegen dort nach **rechts** und schon nach etwa **150 m links** ab in die Straße mit der rechtsseitigen Hecke. Sie sollten Radfahren in dieser Landschaft genießen, manchmal kann man am Horizont Gebäude erkennen, vielleicht raten, zu welcher Kommune sie gehören. Sie fahren auf den kleinen Ort **Nierstraß** zu und bemerken vornean bei einer Weide ein Kreuz aus Stein mit Blumendekoration. Dann warnt ein Schild an einer Hecke Hundefreunde/-halter, dass das hier kein „Hundeklo!" ist. Dann sind Sie auch schon am **Panneschopper Weg** in Nierstraß. Nach **rechts** fahren Sie und biegen nach etwa 50 m **links** in die Straße **Am Rodebach** (K 3) ab; eine Kapelle steht hier. Nach knapp **200 m** liegt direkt an der K 3 rechts ein **Gebäude**, vor dem nach **rechts** ein **Weg** beginnt.

Routenabschnitt zur Selfkantbahn in Gillrath: Ab KP Nr. 02 (Lilienthalallee) fahren Sie nach links mit der **Beschilderung** (Gangelt/Gillrath) Richtung **KP** Nr. **03**, der sich beim Bahnhof[3] Gillrath befindet. Für die **Rückfahrt** von hier benutzen Sie die **K 3, Bergstraße**, in Richtung **Teveren** zum Ort **Nierstraß**. Hinter dem zweiten Haus auf der linken Seite der Straße **Am Rodebach** beginnt ein **Weg** nach **links** (im vorigen Absatz beschrieben als: „vor dem nach **rechts** ein **Weg** beginnt").

Diesen Weg mit leichter Steigung benutzen Sie zwischen Wiesen und Feldern immer **geradeaus**. In einer **Linkskurve** bleibt er **neben** der auf einem Damm liegenden **B 221/B 56** und trifft bei einer **Brücke** auf die **B 56, Karl-Arnold-Straße**. Sie fahren **nicht direkt** auf den Radweg der B 56, **sondern** benutzen unter der Brücke den **Weg davor** nach **rechts**, der dahinter sofort wieder nach **rechts abknickt**. Jetzt sind Sie neben Gewächshäusern, hinter denen biegen Sie nach **links** ab und fahren nun neben Feldern, **parallel** zur B 56 und abgeschirmt vom Verkehrslärm. Diesen ruhigen Weg radeln Sie in **Richtung Geilenkirchen**, dabei kommen Sie an einem rechts liegenden Haus und bei einer leichten Rechtskurve an einem Bauerngehöft vorbei zu einer Kreuzung (Nierstraßer Weg) und danach zu einer weiteren (Aachener Straße). **Beide** überqueren Sie **geradeaus**, und dieser schöne Weg **endet** an der Querstraße, der **L 42**. Sie sind jetzt am Rand von **Geilenkirchen**, der Stadt an der Wurm, angekommen.

Ein großer **Kreisverkehr** ist hier, ausgeschildert ist **Stadtmitte**. Die Straße **Am Mausberg** fahren Sie hinunter und kommen bald an eine größere **Kreuzung**, wo Sie nach **links** in die **Herzog-Wilhelm-Straße** (L 364) einbiegen. Diese Straße trifft im Stadtzentrum auf die **Konrad-Adenauer-Straße**, wo Sie den **KP** Nr. **01** vorfinden.

---

3 Der Schienenweg zum Heimatbahnhof Schierwaldenrath beträgt 5,5 km; in 2007 bestand Freifahrt für Fahrräder.

Brunnen am Marktplatz in Geilenkirchen

Urkundlich wurde Geilenkirchen 1170 erwähnt, ältere Namen sind Gelenkirken bzw. Gelenkirchen. Es ist anzunehmen, dass es schon frühere Besiedlungen gegeben hat. Etwa vom 12./13. Jahrhundert an tauchten Herrschaften von Geilenkirchen auf einer Burg in einer Wurmschleife auf. In der Nähe ist ab dem Hochmittelalter die Siedlung mit dem Namen Geilenkirchen entstanden, die sich zu einer Stadt entwickelte. Als Beleg kann eine Urkunde vom Mai 1386 dienen. Danach mussten die Städte („stede") Geilenkirchen, Heinsberg, Sittard und Susteren zum Beispiel für eine Schuldverschreibung des Herrn von Heinsberg gleichberechtigt mithaften. Manche Bauwerke sind heute noch Beleg für eine bedeutende Geschichte, ferner einige Burgen, Schlösser oder Patrizierhäuser.

Woher könnte die Wurm nur ihren Namen haben? Dazu hat schon 1925 der Geilenkirchener Heimatforscher Joseph Gotzen recherchiert und meinte, dass die nichtdeutsche Wortwurzel „borm", lateinisch „formus", zu unserem Begriff „warm" passt und „sprudeln, sieden" beinhaltet. Wurm vielleicht als „warmer Bach" von unseren Urvorfahren in Aachen an den heißen Quellen erfunden, deren Wasser in einen kalten Bach mündete und ihn aufwärmte. Vor allem in den kühleren Jahreszeiten dürften aus der „Wurm" Dampfschwaden aufgestiegen sein. Vertrauen auch wir Joseph Gotzen: „borm – warm" steht Pate für den Fluss „Wurm"!

Der im niederschlagsreichen Aachen entspringende Fluss (niederländisch „Worm") ist etwa 35 km lang und mündet bei Kempen in die Rur. Hochwasser sorgte bei Geilenkirchen immer wieder für Überschwemmungen. Durch Begradigungen ihres Laufs konnte man die Lage verbessern. Allerdings ähnelte die Wurm jetzt einem Kanal. 2006 wurde zwischen Geilenkirchen (Gut Hommerschen) und Übach-Palenberg das Bachbett durch Ausbaggern renaturiert; das Foto entstand im Oktober 2006.

Wurm-Renaturie-
rung bei Gut
Hommerschen

Nachdem Sie sich in der ehemaligen Kreisstadt (GK) ein wenig umgeschaut und vielleicht gestärkt haben, treten Sie von hier die Rückfahrt nach Palenberg an. Für Radfahrer hat man im Kreis Heinsberg etwas übrig! Vertrauen Sie also ab KP Nr. 01 der **Beschilderung** (Übach-Palenberg/Frelenberg/Wurmtal) zum **KP Nr. 63**. Im Bereich der Konrad-Adenauer-Straße ist die Wurm auch verrohrt. Über die **Herzog-Wilhelm-Straße**, bei der **Stadthalle** gegenüber in Richtung **Haihover Straße,** werden Sie auf einem Radweg nun an das Ufer der Wurm geführt; Autoverkehr gibt es jetzt nicht mehr. Schon bald, auf einer **schmalen Brücke** geht es nach **rechts** an das andere Ufer, **flussaufwärts** an einem großen Parkplatz vorbei.

Sie können jetzt das schöne Wurmtal erkunden, es ist bequem zu befahren. Vorsicht ist beim Queren von Landstraßen geboten, zum Beispiel bei der **L 364** an **Gut Hommerschen**. Ein großer Findling ist entsprechend mit „Gut" beschriftet, für Wanderer gibt es ein besonderes Wegzeichen: „Hauptwanderstrecke *X1* von Kleve nach Aachen (185 km) über zum Beispiel Goch, ...Geilenkirchen usw."

Am **KP** Nr. **63** gibt es einen „Schilderwald" – für Sie ist nur **KP** Nr. **62** wichtig, kurze 1,1 km nach Zweibrüggen.

Einen Abstecher zum Schloss Zweibrüggen sollten Sie machen. Es ist eine außergewöhnliche Sehenswürdigkeit hier im „Land ohne Grenzen zwischen Maas und Rhein". Dazu fahren Sie über die Brücke, dann nach links durch die Schlossallee. Anstelle einer mittelalterlichen Burg erbaute 1788 Joseph Anton von Negri das Schloss im klassizistischen Stil. Seit 1993 ist es im Besitz der Stadt Übach-Palenberg, dient als Kulturzentrum und hat für heiratswillige Paare ein repräsentatives Trauzimmer. Auch einzelne Firmen haben hier ihren Standort.

Schloss Zweibrüggen mit Park

An der Wurm entlang geht es nun zum **KP Nr. 61**. Dabei müssen Sie wieder auf die **andere Flussseite**. Pfeilzeichen zum KP Nr. 61 weisen über eine erste Holzbrücke und eine zweite Brücke. **Dort aber** wenden Sie sich nach **links**, wieder nach **rechts** – ab hier ist Radfahren aber verboten!

Sie befinden sich im Naherholungsgebiet Übach-Palenberg/Marienberg. Es gibt sehr viel Schönes zu sehen, besonders ein römisches Badehaus, dessen Fundamente 1981 entdeckt wurden. Es gehörte zu einem Gutshof aus dem 2. und 3. Jahrhundert n. Chr. Genaueres vermittelt Ihnen hier eine Infotafel.

Restaurierte Ruine eines römischen Badehauses im Naherholungsgebiet Übach-Palenberg

An der Zufahrt zum Naherholungsgebiet verlassen Sie es wieder. Die Zeichen des Radverkehrsnetzes NRW zeigen Ihnen die Richtung. Sie gelangen zur **Brücke** der L 225/ L 364, **Marienstraße** bzw. **Wurmtalbrücke** genannt, über die Wurm und Eisenbahn. Eine Auffahrt nach rechts gibt es zur Fahrt über die Eisenbahnlinie. Sie erreichen mit leichtem Gefälle die Stadt **Übach-Palenberg**. **Spitzwinklig** nach **rechts** biegen Sie ab in die **Alte Poststraße**, die später in die **Bahnhofstraße** mündet. Da sind Sie schon an Ihrem Ausgangspunkt.

Interessante Brücke im Naherholungsgebiet

Viel Spaß beim Fahren und Schauen!

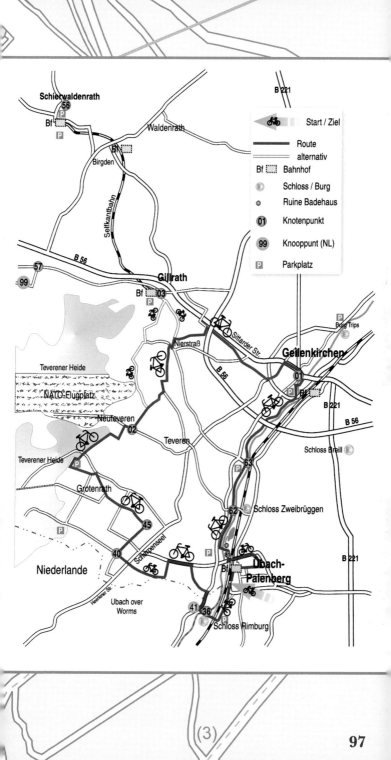

Schierwaldenrath
56
Bf
Waldenrath
57
Birgden

Selfkantbahn

B 56
57
99
Gillrath
Bf 03

Teverener Heide
NATO-Flugplatz
Neuteveren
02
Teveren

Teverener Heide
Grotenrath
45
40
Niederlande
Schaapenseel
Heldener Str.
Ubach over
Worms
41 36
Schloss Rimburg

Nierstraß

Sittarder Str.
Geilenkirchen
01
B 56
B 221
B 56
Schloss Breill

63
Schloss Zweibrüggen
62
Bf
Ubach-
Palenberg

B 221

Bdg Trips
B 221

Start / Ziel
Route
alternativ
Bf Bahnhof
Schloss / Burg
Ruine Badehaus
01 Knotenpunkt
99 Knooppunt (NL)
P Parkplatz

(3)

97

TOUR 8

Nationalpark
Eifel

Drei Seen im Nationalpark Eifel

Urfttalsperre

Hier soll eine gemütliche Radtour zur Urfttalsperre beginnen und ausklingen, natürlich im „Nationalpark Eifel". Er ist der 14. Nationalpark Deutschlands, eingerichtet auf Staatsflächen durch das Land NRW im Jahr 2004. Sein Gebiet reicht vom belgischen Wahlerscheid bis ins Rurtal bei Brück und vom östlichen Ufer des Rursees bis nach Gemünd, das sind etwa 110 km². Einbezogen wurde mit Beginn des Jahres 2006 auch das Terrain des Truppenübungsgeländes Vogelsang. Bis dahin war diese beschriebene Strecke an Werktagen gesperrt[1].

Beschilderung bis 2005 in Rurberg auf dem Weg zur Urfttalsperre

Gegen Ende des 19. Jahrhunderts hatte die wachsende Industrialisierung auch Folgen für andere Volkswirtschaften. Der Wasserreichtum der hiesigen Mittelgebirgsflüsse gefährdete immer wieder die Landwirtschaft, aber auch die Zivilisation. Wasserwirtschaft wurde also immer dringender, vor allem auch wegen der Gewinnung von elektrischer Energie.

Der Aachener Professor Otto Intze konnte für sein Projekt „Urfttalsperre" sowohl Politiker, Industrielle als auch mögliche Nutzer gewinnen. Der Bau der Wasserkraftanlage in Heimbach konnte die hohen Kosten durch den Stromverkauf bald erwirtschaften.

In den Jahren 1900-1905 wurde der Damm als Gewichtsstaumauer errichtet. Er hat eine Höhe von 58 m, eine Fußbreite von etwa 50,5 m, seine Kronenlänge beträgt 226 m und seine -breite 6 m. Damit konnten etwa 45 Millionen m³ Wasser aufgestaut werden. Die Urfttalsperre war seinerzeit die größte Talsperre Europas.

Heute kann sie mit der Olef- und Rurtalsperre Schwammenauel in einem Verbund bis zu 265 Millionen m³ Wasser bereithalten. 1980 und 1994-1999 wurde die Staumauer umfangreich untersucht, überprüft und an die neuen Regeln der Technik angepasst, also für die folgenden Jahre stand- und betriebssicher gemacht.

Der etwa 7 km lange Randweg (ehemalige Kreisstraße 7) an der Ostseite des Urftsees nach Gemünd-Malsbergen war vom 21.08.-24.11.2006 wegen Sicherungsbauarbeiten montags bis freitags gesperrt.

---

1 Das Foto entstand im November 2003. Heute steht nur noch das unten rechts eingeblendete Schild des Restaurants.

Parkmöglichkeiten stehen in Rurberg in den Straßen/Plätzen „Seeufer und Paulushofdamm" gegen eine maximale Parkgebühr von 3,- € bis zum darauf folgenden Tag ausreichend zur Verfügung.

> **Seeufer – Eiserbachdamm – Paulushofdamm – Obersee – Urftstaumauer – Malsbenden – Gemünd – und zurück, etwa 34 km**

Start und Ziel: Seeufer bzw. Paulushofdamm in Simmerath-Rurberg

Eine gute Ausschilderung des Radverkehrsnetzes NRW finden Sie an allen wichtigen Routenabschnitten. Schon am Beginn des Paulushofstaudamms zwischen Ober- und Rursee können Sie beim Radeln die autofreien Zonen genießen. Eine Brücke in der Staumauer reizt manchen Wanderer und Radler zum Schauen und Hören, wenn Wassermengen über die Ablaufsperre des Obersees in die Tiefe rauschen und im großen Rursee „verschwinden". Hier gibt es große Tafeln mit Infos zu den Aufgaben der Talsperre und ihrer Wassergewinnung. Vielleicht schmeckt das eigene Trinkwasser von jetzt an viel besser!

Bei der Fahrt über den Damm genießen Sie nach links über die Wasserfläche den Blick auf Rurberg, beobachten vielleicht die An- oder Abfahrt eines weißen Bootes der Rurseeschifffahrt. Nach vorne fällt Ihr Blick auf den waldreichen „Honigberg" (495,4 m) in der Kermeterregion, ein über 3.500 ha großes Buchenwaldgebiet als „Herzstück" des Parks. Auf der anderen Seite werden Sie womöglich auf-

Was Enten alles können!

merksam auf zwei Schiffe, die hier anlegen auf der Fahrt über den Obersee nach Einruhr oder zum Fuß an der Urftsperrmauer[2]. Am **Ende** des **Damms** biegen Sie nach **rechts** ab in den „Nationalpark Eifel", fahren an einem Spielplatz vorbei und mit der **„Wasserburgen-Route"** zur Urfttalsperre 3,9 km und bis Schleiden 22,0 km (Schilder des Radverkehrsnetzes NRW).

---

2 Schifffahrt auf dem Urftsee findet nicht statt.

Schifffahrt auf dem Obersee bei Rurberg

Nationalparktafel am Obersee in Rurberg

Nationalpark Eifel

Spiegelung bei Windstille auf dem Obersee

Für Radfahrer ist hier ein Verfahren oder Verirren nicht mehr möglich. Erfreuen Sie sich an vielen Stellen an der Sicht auf den See. Reicher Baumbestand wirft Licht und Schatten auf den Weg, bergan wachsen in schönen Wäldern Eichen und Buchen. Im Nationalpark Eifel gilt das Motto „Natur Natur sein lassen". Generell soll der Mensch sich nicht einmischen, damit unberührte Urwälder entstehen können als Heimat vieler und seltener Pflanzen- und Tierarten. Besucher sollen eigenständig oder mit sachkundiger Führung außergewöhnliche Impressionen gewinnen. Ihnen werden unterwegs viele Wanderer und Radfahrer begegnen, freundlich nehmen sie Rücksicht aufeinander oder antworten auf einen Tagesgruß. Einige halten an bei einem Ersteindruck, andere wieder bei einer Neuentdeckung. Und so wechseln die Bilder, die Stimmung, die Geräusche oder die Düfte je nach Tages- und/oder Jahreszeit. An sonnigen Felswänden macht ein Rascheln im trockenen Laub auf eine schnelle Eidechse aufmerksam. Häufig sieht es auf der Rückfahrt anders aus, eine glatte Wasseroberfläche spiegelt bei Windstille die Wolken am Himmel.

An der letzten Rechtskurve vor der Staumauer beginnt eine leichte, später etwas stärkere Steigung. Auf der etwa 700 m langen „Bergfahrt" bis hinauf zum Urftsee bleiben viele Radler im Sattel, einige wenige schieben ihr Gefährt ruhig nach oben. Man hat mehr Zeit für seltene Durchblicke auf die immer tiefer aufblinkende Seefläche. Selbst bei hochsommerlichen Temperaturen schützt der Baldachin des Waldes. Oben kommt man noch vorbei an dem nach rechts unten verlaufenden Weg zur Schiffsanlegestelle Obersee/Urfttalsperre.

Bevor Sie in einer Linkskurve die Fahrt am Urftsee entlang fortsetzen, sollten Sie doch ein bisschen verweilen. Hier finden Sie das Ausflugslokal mit Selbstbedienung, eine Toilettenanlage, einen kleinen Kinderspielplatz, Bänke, Fahrradständer und vor allem Schautafeln mit detaillierten Auskünften zur Geschichte des Stausees und seinen Erbauern. Sie sollten es vor allem nicht versäumen, über die Staumauer an ihr anderes Ende zu fahren, wo eine vorgebaute Plattform vielfältige Aussichten ermöglicht. Und – sie lässt als Bühne einen fantastischen Blick auf die letzte Bucht des Obersees, über den Urftsee und auf die hoch auf dem Berg stehende Burg Vogelsang zu. Scharenweise Schaulustige könnten interessiert sein, wenn furchtbare Regenfälle, also radfahrerfeindliches Wetter, einen Überlauf des Urftsees verursachten.

Vogelsang auf der Dreiborner Hochfläche wurde 1945 von der US-Armee besetzt. Ab 1946 wurde es Truppenübungsplatz (Camp Vogelsang) für das britische und ab 1950 für das belgische Militär. Die Bewohner des im Sperrgebiet liegenden Dorfes Wollseifen mussten ihren Ort innerhalb weniger Wochen verlassen.

Der Anfang dieser Anlage geht auf den Sommer 1933 zurück, als Hitler Parteischulen zur Ausbildung von Führungskräften verlangte. Schon im März 1934 baute man das Schulungslager Vogelsang und im September 1934 wurde der Grundstein zur Schulungsburg gelegt. Im April 1936 wurden drei Ordensburgen förmlich an Hitler übergeben. Der Lehrbetrieb begann danach am 1. Mai. Nach Kriegsanfang wurden die Ordensburgen wegen der Übergabe an die Wehrmacht geschlossen. Die Burg wurde mit Truppen belegt. Zwischen 1941

Blick vom Staudamm des Urftsees

und 1944 gab es hier „Adolf-Hitler-Schulen" und ab Ende 1944 auf Grund der „Ardennenoffensive" wieder eine Truppenstationierung. Ein Luftangriff führte zu erheblichen Schäden. In der Zeit des Leerstandes zwischen der Eroberung und der Nutzung als Truppenübungsplatzes wurde die Anlage ausgeplündert.

Auf der asphaltierten Straße radeln Sie weiter in Richtung Gemünd. Am **Ende**[3] der asphaltierten Straßendecke führt Ihre Route nach **rechts**, durch ein offenes Tor weiter auf die **Ostseite** des Urftsees.

Bald sind Sie bei einem turmartigen Gebäude angelangt, das Ihnen vorher bestimmt schon aufgefallen war. Hier befindet sich der Druckstollen, durch den Wasser zu dem bei Heimbach an der Rur liegenden Kraftwerk strömt. Der 7.000 kg schwere Absperrschieber in dem Stollen aus dem Jahr 1905 wurde 2002 ausgebaut und ist hier ausgestellt. Eine Infotafel vermittelt interessante Details.

Urftsee mit Turm zum Wasserstollen nach Heimbach

Jetzt liegt bis Gemünd bzw. bis zu seinem „Vorort" Malsbenden vor Ihnen eine manchmal kurvenreiche, aber gut zu befahrende Strecke. Der Weg lässt auch das Nebeneinanderfahren zu, doch so manche Biegung ist unübersichtlich. Aufmerksam sollte man bleiben, hier die Schönheiten des Sees genießen, auf Pflanzen und bei Hinweisschildern auf flinke Eidechsen[4] achten. Interessant sind auch die steilen Felshänge, die durch beachtliche Baumaßnahmen abgesichert sind. An mancher Biegung des Weges sind an der gegenüberliegenden Seeseite auf der Höhe Gebäude und vor allem der Turm der Burg Vogelsang zu sehen. Ein Fernglas könnte hier einiges deutlicher machen! Sie werden bis Malsbenden (noch?) keine Ruhebänke antreffen. Auf einem wie geglättet aussehenden Felshang fällt eine kleine Kiefer auf. Einzelne Felsbrocken oder Steine laden mancherorts jedoch zum Sitzen, Sonnen oder Picknicken ein.

---

3 Wegweiser des Radverkehrsnetzes NRW sind vorhanden.
4 Eidechsen lieben das wärmende Sonnenlicht und sind umso eher in den Nachmittagsstunden aktiv.

Unterwegs nach Gemünd mit
Turm und Burg Vogelsang

Unterwegs treffen Sie auf Beschilderungen für Wanderwege oder -strecken. Nach einer Schutzhütte ohne Sitzgelegenheit steht am rechten Wegrand ein riesiger Nadelbaum. Wie alt mag der wohl sein? Auf der Weiterfahrt werden Sie bald das Rauschen bzw. Plätschern der Urft hören und sie auch ab und zu sehen können. Je nach Wasserstand im See sind die Uferzone und ihre Ablagerungen offen oder unter höherem Wasserspiegel verborgen. Vor allem nach starken Niederschlägen ist das sonst klare Wasser des Flusses gelbbraun gefärbt. Man kann gerade dabei beobachten, wie weit die Strömung in den Staubereich hineinfließt.

Schöne Laubwälder im Herbst

Kurz vor Malsbenden beginnt rechts ein hoher Maschendrahtzaun, der an einem noch vorhandenen Wachhäuschen des ehemaligen militärischen Schießstandes endet. Ein weit offen stehendes Eisentor und eine hochgestellte Schranke verdeutlichen die neue Nutzung als Nationalpark.

Gemünd als anerkannter Kneippkurort und Tor zum Nationalpark hat jetzt etwas mehr als 4.000 Einwohner. Hier mündet die Olef in die Urft. Vielleicht ist es eine Erklärung für den Ortsnamen? „Gemunde" heißt er in einer Urkunde von 1213 in Verbindung mit dem Kloster Steinfeld. Nach dem Wiener Kongress von 1815 kam Gemünd zu Preußen. Die schon seit dem 15. Jahrhundert bestehende Eisenverhüttung entwickelte sich im 19. Jahrhundert unter den Gebrüdern Poensgen zu einer Industrie mit Walzwerken für Gas-, Siederohre und einer Drahtfabrik. Etwa 500 Menschen fanden hier Arbeit. Weitere 1.000 produzierten als Köhler in den Laubwäldern so viel Holzkohle, dass etwa Mitte des 19. Jahrhunderts die Waldbestände erschöpft waren. Gemünd ohne Bahnanbindung sowie die wirtschaftlichere Energie aus Steinkohle des Ruhrgebiets leiteten das Ende der Eisenindustrie im Schleidener Raum ein. 1861 wurde die Produktion von Poensgen nach Düsseldorf verlagert, viele Bewohner wanderten ab. Auch der große Stadtbrand von 1851 blieb für die Eifelgemeinde nicht ohne Folgen.

Der Eifelverein wurde am 22. Mai 1888 gegründet und hat heute etwa 30.000 Mitglieder. Seine Aktivitäten zielen auf den Wandersport, Naturschutz und Kulturpflege mit Vorrang für die Eifelregion. Seine Hauptgeschäftsstelle befindet sich heute in Düren. Schon vor dem Ersten Weltkrieg entwickelte sich mit der Urfttalsperre hier Fremdenverkehr und ein Naherholungsgebiet.

Die Skulptur erinnert an die Eisenindustrie in Gemünd

Auf der **Urftseestraße** fahren Sie über die **Urftbrücke** nach Gemünd hinein. In die **zweite Straße** nach **links**, die **Pfarrer-Kneipp-Straße**, sollten Sie abbiegen. Wenige Meter vor einer Urftbrücke beginnt **rechts** die tiefer liegende **Uferstraße**, die Sie an einer Treppe über eine Rampe bequem erreichen. Radeln Sie auf der unmittelbar neben dem Fluss herführenden Straße durch ein ruhiges Parkgelände in Richtung Ortsmitte. Sie kommen an Wassertretbecken vorbei, bei einem alten Mühlstein zu einer kleinen Skulptur mit einer Infotafel zum ehemaligen „Eisenwalz- und Schneidwerk".

Nikolauskirche in Gemünd bei der Mündung der Olef in die Urft

Hier sollten Sie auf den schmalen Weg nach **rechts** in die **Kurhausstraße** fahren und treffen dort auf das Gemünder Kurhaus. Nach wenigen Metern geht es wieder nach **links** in die **Parkallee** und an schönen Häusern vorbei zum **Marienplatz**. Wenn Sie sich **rechts** halten, kommen Sie an die **Dreiborner Straße**. Nach **links** biegen Sie ab; nach wenigen Metern sind Sie im Gemünder **Stadtkern**, in der **Fußgängerzone**. Radfahrer sollten der Bitte zum Absteigen nachgeben!

Schauen Sie sich um, es wird Ihnen hier gefallen, vor allem auf dem Platz vor der alten Schule. Schön ist es aber auch noch am Ende der Dreiborner Straße. Dort führt eine Brücke über den von rechts zufließenden Fluss – die Olef[5]. Nach rechts erkennen Sie eine weitere Brücke der B 266, dahinter die Kirche St. Nikolaus. Nach links bemerken Sie in kurzer Entfernung die Mündung der Olef in die Urft, im Hintergrund in schöner Berglage einige schmucke Villen.

---

5 Die Weiterfahrt nach Schleiden (etwa 6 km) über Olef ist nur in der Skizze dargestellt; Olef hat einen historischen Ortskern.

Schöne Villen in Gemünd
am Lauf der Urft

Die **Rückfahrt**: An dem Platz mit der **alten Schule** sollten Sie **rechts** am Haus durch die Gasse urftwärts fahren, zum schönen Gebäudekomplex noch einmal zurückblicken. Am Fluss abwärts erreichen Sie bald an eine Wehr-/Stauanlage, Wasserversorgung für die ehemalige Eisenindustrie. Über das Wasser hinweg entdecken Sie eine Postkartenidylle.

Sie können sowohl auf der **Uferstraße** Ihre Heimfahrt beginnen als auch von der **Dreiborner Straße** nach **rechts** in die **Urftseestraße** fahren, wo Wegschilder des Radverkehrsnetzes NRW aufgestellt sind. Bei dieser Fahrt sieht man so manche schon gesehene Örtlichkeit ganz anders, die Sonne kommt aus anderer Richtung, der See liegt links und der Wald rechts. Vielleicht stoppt man hier oder dort, wo man vorher achtlos vorbeiradelte, das jetzt erwärmte Gestein hat Eidechsen munterer gemacht. Wieder an der Urftseemauer oder beim Fahrplan der Rurseeschifffahrt angekommen, gönnt man sich eine aussichtsreiche „Seereise" bis zur Anlegestelle in Rurberg oder als Radler eine „Wettfahrt" mit dem Schiff.

Gute Fahrt(en)!

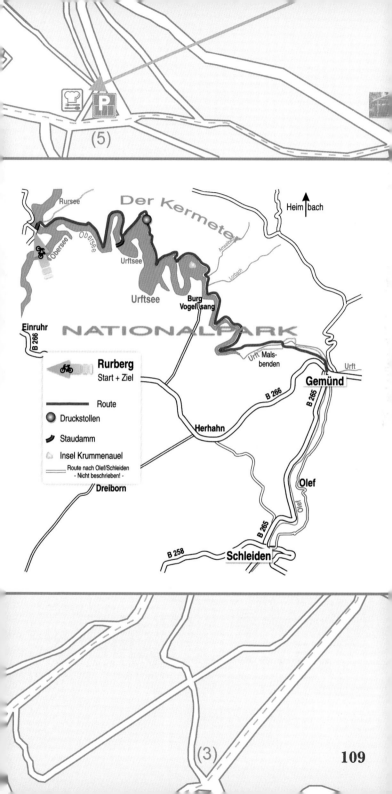

Rursee

Der Kermeter

Heim↑bach

Obersee

Obersee

Urftsee

Urftsee

Burg
Vogelsang

Amselbach

Lorbach

Einruhr

B 266

NATIONALPARK

Urft Mals-
benden

Urft

Gemünd

Rurberg
Start + Ziel

B 266

B 265

Route

Druckstollen

Staudamm

Insel Krummenauel

Route nach Olef/Schleiden
- Nicht beschrieben! -

Herhahn

Olef

Dreiborn

Olef

B 265

B 258

Schleiden

TOUR 9

Ein Ausflug nach Vaals
– ein interessanter Nachbar

Aachen – Westpark – Steppenberg – Vaalserquartier – Vaals
– Lemiers – Oud Lemiers – Melaten – Aachen, etwa 20 km

Start und Ziel: Aachen, Markt/Jakobstraße

Sie verlassen den Markt und das Rathaus in westliche Richtung und kommen in die Jakobstraße. Hier folgen Sie dem Schild des Radverkehrsnetzes NRW mit den Zielen Herzogenrath/**Vaals (NL)**. Schon nach wenigen Metern biegen Sie **rechts** in die **Judengasse** ab. Ein sanftes Gefälle bringt Sie schnell an eine Querstraße, **Annuntiatenbach** genannt.

Sie biegen nach **links** ab, überqueren den **Lindenplatz** und fahren die **Johanniterstraße** aufwärts. Oben geht es geradeaus weiter in die **Lochnerstraße**, unter der Eisenbahnbrücke der Linie Aachen-Mönchengladbach hindurch. Dann kreuzen Sie die **Junkerstraße** (B 1a). Die Lochnerstraße endet an der **Gartenstraße**, Eingang **Westpark**. Da hinein (Zwischenwegweiser) müssen Sie; rechts liegt hier ein Kinderspielplatz.

Der Routenbeschilderung (Vaals)[1] folgend, verlassen Sie am Weiher vorbei den Westpark nach Westen; schön ist es im Park – ob zur Kastanienblüte im Frühjahr oder Laubfärbung im Herbst. Überqueren Sie dann die Welkenrather Straße in die **Weststraße**. Auf ihr fahren Sie weiter, unter der **Brücke** Halifaxstraße hindurch und an Sportanlagen vorbei, bis zur **Vaalser Straße**.

Der Pfeilwegweiser **Gemmenich (B)/Dreiländereck** führt Sie nun an einer Apotheke nach **links**, wo nach wenigen Metern gegenüber die Straße **Kronenberg** einmündet. An der Ampel können Sie hier die stark befahrene Vaalser Straße **kreuzen** zum **Kronenberg**, fahren an der Tankstelle vorbei und nach etwa 100 m rechts[2] in den **Gemmenicher Weg** hinein. Nach einer kurzen Strecke bergauf bemerken Sie rechts Felder, Wiesen und die Güterzugbahnstrecke nach Belgien; bald entdecken Sie links eine hohe Ziegelsteinmauer. Durch ihre offene Zufahrt blicken Sie auf eine gepflegte Anlage, in der sich das *Maria-Haus des Alexianerkrankenhauses* befindet und die *Alexianer-Brüdergemeinschaft* ökologischen Landbau betreibt.

---

1 Radverkehrsnetz NRW.
2 Pfeilwegweiser Gemmenich (B)/Dreiländereck.

Gepflegte Anlage des Maria-Hauses
am Gemmenicher Weg in Aachen

Bei der Weiterfahrt sehen Sie voraus den Aachener Waldgürtel, unterqueren nach einer Rechtskurve die Eisenbahn und fahren **geradeaus** weiter in den **Steppenbergweg**, Pfeilwegweiser **AC-Seffent/Uniklinik**. Zwischen den Feldern geht es ein wenig abwärts; rechts im Hintergrund liegt der Westfriedhof I. Vor der Siedlung „Steppenberg" überqueren Sie den während der Sommermonate meist trocken liegenden Dorbach und radeln weiter geradeaus zur **Steppenbergallee**. Hier biegen Sie rechts ab und kommen an einem Kinderspielplatz vorbei, bei dem **nach links** die **Gallierstraße** abzweigt. Diese führt Sie durch die Siedlung hindurch; an ihrem Ende geht es (steil) bergab. Ein Stoppschild[3] zwingt Sie an der **Alte(n) Vaalser Straße** zum Halten, bevor Sie **nach links** weiterfahren dürfen.

Schon nach etwa **120 m** verlassen Sie die Alte Vaalser Straße wieder nach **links** in die **Schmiedgasse**, zusätzlich ein Wegweiser „Hotel Bergcafé, Dreiländereck". Es geht ein wenig aufwärts, links liegt „Gut Wegscheid", ein Demeterhof. In der Schmiedgasse gibt es vor einigen Häusern wunderschöne Gärten. In die nächste Straße, **Burgstraße**, biegen Sie nach **rechts** ab. Lassen Sie sich Zeit und achten auch auf restaurierte alte Häuser, an dem links einmündenden Buchweg ist das erste Haus wohl schon 1839 (Maueranker) entstanden. Sie bleiben auf der Burgstraße, die in die **Alte Vaalser Straße** in der Nähe der Gaststätte „Zoll-Stübchen" mündet. Nach links kommen Sie zur deutsch-niederländischen Grenze, wo Sie an dem Pfahl nicht nur zwei Pfeilwegweiser des Radverkehrsnetzes NRW, sondern auch das Ziel **Knooppunt[4]** Nr. **93** antreffen, ein weißgrundiges Schild mit grüner Zahl im grünen Kreis (Radwanderwegenetz Süd-Limburg).

3 Zeichen 206 der Anlage zur StVO.
4 Künftig KP.

Höchstgelegenes und kleinstes
Museum der Niederlande in Vaals

Hier steht die „Klèng Wach", vormals Passkontrolle für Fußgänger in die Niederlande. Dieses Gebäude wurde etwa 1890 erbaut und beheimatet heute das kleinste und höchstgelegene Museum der Niederlande. Die offene Tür gibt den Blick ins Innere frei auf damals gebräuchliche Einrichtungs- und Gebrauchsgegenstände. Draußen befindet sich auf der einen Seite der Grenzstein Nr. 196 und auf der anderen der ältere Grenzstein der Freien Reichsstadt Aachen mit dem Adler.

Hinter den Steinpollern befinden Sie sich nun auf der **Akenerstraat** in Vaals. An der nächsten Querstraße steht rechts ein altes Haus mit Mauerankern, die die Zahl 1732 bilden. Hier fahren Sie **nach links** in die **Tentstraat**. In der Tentstraat Nr. 2 befindet sich das Glasbläsereimuseum Gerardo; außer montags führt hier der Glasbläsermeister zu jeder vollen Stunde zwischen 11 und 16 Uhr sein Können vor. Hinter der Kirche (Ned. Hervormde Kerk, erbaut um 1671) führt die Strecke **rechts** bergab in die **Bergstraat**. Sie können sich an der Routenbeschilderung zum **KP 93** orientieren und folgen dann nach **links** in den **Von Clermontplein** (Platz).

Hier sollten Sie Zeit zum Umschauen haben – interessante Gebäude und Einrichtungen mit entsprechenden Infotafeln erwarten Sie. Die Fotos zeigen nur wenige Beispiele. Buntes Treiben in dieser wunderschönen Umgebung herrscht hier dienstags, wenn am Vormittag der große Wochenmarkt stattfindet. Obst und Gemüse, Blumen oder Pflanzen, aber auch gebackener Fisch zum sofortigen Verzehr reizen die Sinne. Kurz vor „Schluss" gegen 13 Uhr kann man Schnäppchen machen! Mancher Besucher macht sich schwer bepackt mit vollen Beuteln wieder auf seinen Heimweg.

Von-Clermontplein (-platz)

Von-Clermontplein (-platz) mit Wochenmarkt

Sie können von hier auch einen kleinen Abstecher zur Hauptverkehrsstraße, der **Maastrichterlaan**, machen, wenn Sie **nicht** nach **links** in den „Von Clermontplein" abbiegen, sondern **geradeaus** durchradeln. Radfahrer und Fußgänger können sich hier sicher bewegen! Aber kehren Sie besser zurück, indem Sie die Maastrichterlaan am Kreisverkehr an der **dritten Ausfahrt**, „Tyrellsestraat", wieder verlassen, über den **„Koningin Julianaplein"** auf das Clermonthuis zuradeln und durch das Torhaus hindurch. Dort sind Sie auf Ihrer Route, der Straße **Von Clermontplein**; hier ist es ruhiger und schöner.

Maastrichterlaan,
Hauptstraße, in Vaals

Hoeve St. Adalbert aus dem
11. Jahrhundert

Vom **Von Clermontplein** kommend, überqueren Sie die **Bos-straat**. Die **Bloemendalstraat** leitet Sie abwärts weiter.

Rechts liegt unauffällig hinter einer Hecke „Hoeve St. Adalbert"[5] aus dem 11. Jahrhundert; später 1135 als „laathof" geführt, vergleichbar mit dem Zehnthof, wo Bauern Abgaben entrichten mussten. 1740 war der Hof Opfer eines Raubüberfalls durch die brutale Bande der „Bokkenrijders", die ihn in Brand setzten.

Dann bemerken Sie auf der linken Seite bald die wunderschöne Anlage **Kasteel Bloemendal.**

5 Details auf einer Infotafel am Gebäude.

Hotel und Restaurant
Bloemendal in Vaals

Die Fahrtrichtung beibehaltend, gelangen Sie in den **Vaalserhaag-weg** und danach in den **Heuvel** genannten Straßenzug. Er endet an einer hölzernen Brücke über den unten verlaufenden Randweg. Danach geht es auf dem **Oude Akerweg** weiter. Rechts von Ihnen liegt die Polizeistation und auf der linken Seite das Gelände der Feri-enanlage *Landal – Hoog Vaals*. Sie radeln vorüber an einem rechts liegenden **Kinderspielplatz**; hier öffnen sich Blicke in die Ferne der hügeligen Landschaft. Unter schattenspendenden hohen Bäu-men genießen Sie nun eine „Abfahrt". Am Ende liegt links die „Schuurmolen" mit einem Reitersportzentrum. Dahinter queren Sie den Zieversbeek; bei ruhiger Fahrt erkennen Sie auf der linken Seite die Kirche von Holset, auf der rechten Seite später eine schöne Fuß-ballskulptur als Hinweis auf eine Sportanlage.

Bald erreichen Sie eine Kreuzung, an der ein Schild darauf aufmerksam macht, dass Sie sich dem *Knooppunt 93* des *fietsroute-netwerks* von *Zuid-Limburg* nähern. (Genießen Sie hier einen Rundblick in die hügelige Umgebung und informieren Sie sich auf einer großen Infotafel des Radwege-genetzes!) Sie fahren nach rechts in den **Klaasvelderweg**, Richtung **KP** Nr. **94** und gelangen schnell in die „*drielanden gemeente*" Lemiers. Mithilfe einer Ver-kehrsampel können Sie den stark befahre-nen **Lemiers Rijksweg** (N 278) über-queren und gelangen an der Kirche *St. Catharina* nach **Oud Lemiers**.

Skulptur am Eingang
zur Sportanlage

Sie bleiben auf der ausgeschilderten Route in Richtung KP Nr. 94 und biegen nach **rechts** ab; die geradeaus weiterführende Allee endet als Sackgasse vor dem privaten, nicht zu besichtigenden Kasteel Gen Hoes.

Bald sehen Sie auf der linken Seite die älteste niederländische Saalkirche (mit Infotafel) „St. Catharinakapel", geweiht um 1350 der allerheiligsten Jungfrau und Märtyrerin Catharina. Eine Besichtigung ist nach Absprache (Tel. 043.306.3333) möglich.

Saalkirche „St. Catharinakapel" in Oud Lemiers

Danach halten Sie sich an einem Routenschild **links,** zum naheliegenden **KP** Nr. **94;** es geht vorbei am Grenzstein Nr. 200 und auf dem Steg über den auf der Grenze fließenden Senserbach. Auf dem schmalen Pfad neben dem Bachlauf gelangen Sie nach Deutschland, zum **Senserbachweg** in **Lemiers**.

Hier, am **KP** Nr. **94** des Radwanderwegenetzes für Südlimburg, orientieren Sie sich an der Pfeiltafel des Radverkehrsnetzes NRW nach **rechts** mit den Zielangaben **Aachen-Zentrum/Uniklinik**. In Lemiers kommen Sie an ein paar alten Häusern vorbei zu einer Weggabelung.

Die frühen Bewohner dieses Grenzgebietes gehörten den Kelten an, die schon den Ackerbau kannten, Vieh züchteten, Erze verarbeiteten, also als gebildet angesehen werden konnten. Als die Römer unter Julius Cäsar diese Gegend eroberten, war das Land schon von germanischen Völkern bewohnt. Sie nannte Cäsar ein ziemlich raues „Barba-

renvolk", das umherschweifte und mehr von der Viehzucht als vom Ackerbau lebte. Die damals im jetzigen Verwaltungsbezirk Lüttich und Südlimburg an den Maasufern lebenden germanischen Eburonen wurden von Caesar vernichtet. Sunucer hatten sich danach niedergelassen, deren Männer auch als tapfere Krieger in römischen Legionen dienten.

In dieser Provinz entstanden auch römische Straßen. Eine der ersten dieser Straßen führte von Maastricht über Bemelen, Gasthuis, Wolfshuis[6], Scheulder, Gulpen, Wittem, Vijlen, Lemiers und Melaten nach Aachen, wahrscheinlich an Vaals vorbei. Es ist aber sicher, dass sich die Römer in den fruchtbarsten und schönsten Gebieten niederließen. Und dazu gehörten wohl auch Vaals, Marmelis oder Bocholtz.

Sie werden hier nach **links** auf diese historische Wegstrecke, den **Schneebergweg**, geführt. Wiesen und Äcker begleiten den ruhigen Weg bergauf. Am Wegesrand kann man je nach Jahreszeit viele Blüten und Pflanzen bewundern, manche Heckenlücke überrascht mit schönen Fernsichten.

Alternativ benutzen Sie den Senserbachweg nach rechts zum **KP Nr. 95** und fahren neben dem Senserbach bachaufwärts. Beim KP Nr. 95 macht dieser Weg eine **enge Linkskurve**. Es ist ein **steil** ansteigender Abschnitt, sehr viele Radler schieben hier! Oben fahren Sie auf der **Schurzelter Straße** nach **links** und gelangen (wieder) an den **Schneebergweg**. Dort biegen Sie nach **rechts** ab und sind wieder auf der eigentlichen Route.

Neben einer links am Schneebergweg liegenden Wiese beginnt am Waldesrand eine steile Betonmauer, die durch eine breite weiße Linie noch mehr auffällt. Es ist ein Überbleibsel des Westwalls und sollte der Panzerabwehr dienen. An einem Waldstück (Ruhebank mit schöner Aussicht in das Mergelland) endet das Bauwerk in einer Höckerlinie. Durch den Waldstreifen führt der Weg, nach links erkennen Sie einen Golfplatz und nach rechts in Richtung der Anhöhe *Wachtelkopf* landwirtschaftlich genutzte Flächen. Beim Rollen bergab sehen Sie voraus schon den großen Gebäudekomplex der Uniklinik. Der Schneebergweg kreuzt alsbald die **Schurzelter Straße** und führt Sie an der Rückseite der Klinik entlang zum **Gut Melaten**.

Hier noch eine kurze Wegstrecke geradeaus fahrend, biegen Sie an einem Zwischenwegweiser nach **links** ab in den **Worringer Weg**, der

---

6 Einige Straßenabschnitte werden auf heutigen Landkarten noch „Oude Heerweg" genannt.

Schneebergweg mit Fernsicht in die Niederlande

in einer Rechtskurve **bergauf** verläuft. Oben zeigt ein Wegweiser des Radverkehrsnetzes NRW in Richtung **Markt/Dom** bzw. **Bahnhof AC-West**, und zwar über die von links unten kommende **Forcken-beckstraße** hinweg auf die **Brücke** über den Pariser Ring. Bleiben Sie auf dem linken Geh-/Radweg der hier beginnenden **Melatener Straße** und verlassen Sie sie nach dem Haus Nr. 158 (zu Beginn der Rechtskurve) nach **links** in die **Siemensstraße**, einen schmalen, eher unauffälligen, asphaltierten Weg zwischen hohen Sträuchern. Sie kommen an Gärten und Häusern vorbei an die Querstraße, **Auf der Hörn**. Geradeaus ist die Siemensstraße nun von ordentlicher Breite. Sie bringt Sie zur **Ahornstraße**, die Sie überqueren. Gegenüber beginnt neben der Wohnanlage des Studentenwerks – Aachen AÖR – ein Weg[7], den Sie autofrei bis zur **Halifaxstraße** benutzen.

Hier, **rechts gegenüber**, fahren Sie, geleitet von Wegweisern des Radverkehrsnetzes NRW, in die **Mies-van-der-Rohe-Straße**. Dabei geht es an Kleingärten und Instituten der RWTH-Aachen vorbei bergab bis zum quer verlaufenden **Seffenter Weg**. Am **Stoppschild** nehmen Sie den Radweg nach **rechts** durch die Eisenbahnunterführung, hinter der **rechts** die Route in die **Geschwister-Scholl-Straße** abbiegt. Parallel zur Bahn fahren Sie unter der Brücke Pontwall weiter in die **Schinkelstraße**, die schließlich am **Templergraben** endet.

Wenn Sie dem „Grabenring" nach **rechts** und immer geradeaus bis zur **dritten Ampel** folgen, können Sie dort nach **links** in die **Jakob-straße** abbiegen; die Jakobstraße mit leichtem Gefälle ist zum Ausklang der Tour nach etwa einem halben Kilometer am **Markt** Ihr Ziel.

Viel Freude bei der Fahrt!

---

7 Mit Zeichen 255 der Anlage zur StVO gesperrt für Krafträder und Mofas.

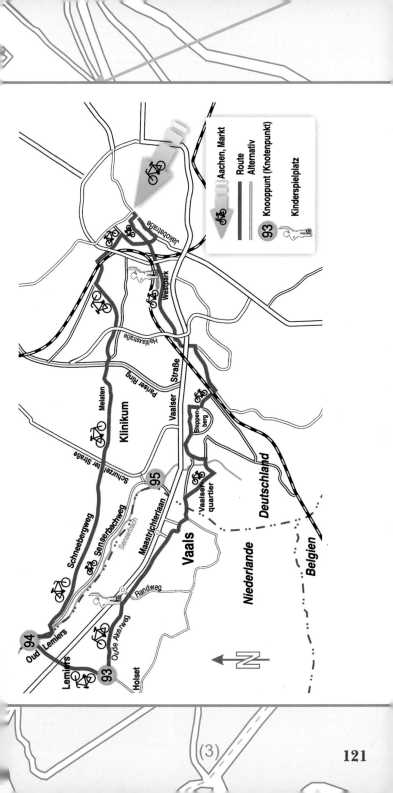

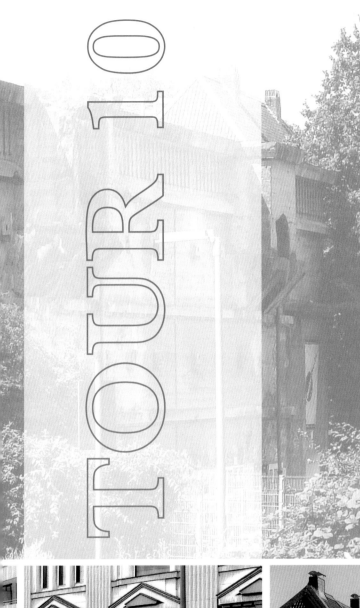

TOUR 10

Durch Wald und Flur nach Kornelimünster

Start und Ziel: Aachen, Markt/Jakobstraße

Verlassen Sie den Markt und das Rathaus in westliche Richtung. Über die nächste Kreuzung hinweg gelangen Sie in die **Jakobstraße** und bis zur nahen Einmündung der **Klappergasse**. Sie biegen hier ab und sind schon nach wenigen Metern an dem rechts liegenden „Türelüre-Lißje"-Brunnen[1].

Historische Gehwegplatten in der Straße Rennbahn

Sie biegen nach links ab in die Straße **Rennbahn** und erkennen voraus den Dom. Bevor Sie nach **rechts** in den **Fischmarkt** abbiegen, achten Sie bitte auf den neben Ihnen verlaufenden Gehweg und die neu in sein Pflaster verlegten Sandsteinplatten. Sie hatten über viele Jahrhunderte die hier in einem Kanal fließende Pau abgedeckt. Im Jahr 2005 war man bei Arbeiten im Untergrund auf sie gestoßen.

Auf dem Fischmarkt entdecken Sie links den Brunnen von Hugo Lederer (1911), das „Fischpüddelchen". Seinerzeit empörte man sich über dieses Ambiente, und der Brunnen musste sogar beschützt werden.

---

1 Hubert Löneke gestaltete 1967 hier humorvoll die Story über das „kleine Geschäft" eines Mädchens, das von drei Knaben tanzend „Personenschutz" erhielt.

"Beter" in der Wirichsbongard-straße mit Dom im Hintergrund

Wenn Sie hier durch das links von Ihnen liegende **Spitzgässchen** fahren, gelangen Sie auch auf den **Münsterplatz** und dabei an den „Vogelbrunnen", auch „Möschebrunnen" (Mösch = Spatz) genannt, von Bonifatius Stirnberg.

Die **Schmiedstraße** führt Sie vom Fischmarkt **geradaus** weiter und an der rechts abgehenden Kleinmarschierstraße vorbei auf den **Münsterplatz**, den Sie überqueren. An der **Hartmannstraße** biegen Sie **rechts** ab; hier, am Elisengarten, befindet sich der Brunnen[2] „Kreislauf des Geldes" mit seinen eigenwilligen Bronzefiguren von Karl Henning Seemann (1976).

Lassen Sie sich hier von den Ortsangaben auf den Schildern des Radverkehrsnetzes NRW nicht irritieren! Neben dem Elisengarten gelangen Sie schnell die Hartmannstraße hinab zum **Kapuzinergraben/Friedrich-Wilhelm-Platz** (Elisenbrunnen).

Ihr Ziel auf den Radverkehrsschildern heißt jetzt **Kornelimünster**; Sie fahren also geradeaus in die **Wirichsbongardstraße**. Bevor Sie die **Borngasse** passieren, bemerken Sie auf dem **„Henger Herjotts Fott"**[3] genannten Platz noch die von Bonifatius Stirnberg neu geschaffene und 1989 aufgestellte Kreuzigungsgruppe. Erklärungen gibt es auf einer Bronzetafel im Pflaster.

Geleitet von der Beschilderung „Kornelimünster", biegen Sie von der Wirichsbongardstraße nach **links** in die **Schützenstraße** ab und treffen an ihrem Ende auf die **Harscampstraße**. Nach **rechts** fahren Sie und bald an der zweiten Einmündung nach **links** in die

---

2 Im Übrigen: Einen Pfennig ins Wasser zu werfen, sollte Glück bringen! Ob das nach 2002 auch mit dem Eurogeld klappt? Glücklich ist vielleicht, wer noch einen alten Sparstrumpf besitzt!
3 Mundartlicher Begriff.

Lothringer Straße. In Höhe der Kaufmännischen Schulen benutzen Sie den links liegenden gemeinsamen Geh- und Radweg bis zur beampelten Kreuzung an der **Wilhelmstraße**. Diese kreuzen Sie und fahren auf dem auch hier Lothringer Straße heißenden Abschnitt weiter bis zur nächsten Ampel.

Hier biegen Sie **rechts** ab in die **Zollernstraße**; nach wenigen Metern geht es **halblinks** weiter in die **Bachstraße**, der Sie über die Warmweiherstraße und unter dem „Burtscheider Viadukt" hinweg folgen bis zur **Kurbrunnenstraße**. Dann sind Sie im Stadtteil Burtscheid.

Der etwa 275 m lange und bis zu 16 m hohe Viadukt wurde als Bogenbrücke für die Eisenbahnlinie von Köln nach Aachen in den Jahren 1838-1840 mit Feldbrandziegeln erbaut. Er wurde seinerzeit schon viel bestaunt und ist noch heute als älteste deutsche Eisenbahnbrücke in Betrieb.

Das ehemalige Städtchen Burtscheid wurde erst 1896 durch die Stadt Aachen eingemeindet. Aber in früherer Zeit sollen auch die Römer seine heißen Quellen genutzt haben. In dem Dörfchen wurde 997 von Kaiser Otto III. ein Benediktinerkloster gegründet, dem 1138 durch Konrad III. die Reichsunmittelbarkeit urkundlich zugesichert wurde. Dieses Kloster übernahmen 1220 die Zisterzienserinnen. Es wurde im Mittelalter durch die Herren von Merode von ihrem Sitz in der nahen Frankenburg bis etwa 1649 verwaltet. In Aachen verfolgte Protestanten siedelten sich um 1598 und 1614 mit Duldung der Äbtissin in ihrem Gebiet an und errichteten eigene Gemeinden. Später gründeten sie bis ins 18. Jahrhundert viele Gewerbebetriebe und konkurrierten sogar mit Aachen. 1802 verlor Burtscheid[4] seine Selbstständigkeit, gehörte ab 1815 zu Preußen und ab 1946 zu Nordrhein-Westfalen.

Die Kurbrunnenstraße befahren Sie auf dem linken Geh- und Radweg **nach links**. Dabei geht es ein wenig bergauf. Die Kurbrunnenstraße heißt nach der einmündenden Moltkestraße **Friedrich-Ebert-Allee**; der Gehweg ist weiterhin für „Radfahrer frei".

Die Straße, die hier nach **links** abzweigt, heißt **Am Gillesbachtal**, in die Sie hineinfahren. Bald beginnt eine Rechtskurve, in der biegen Sie nach etwa **100 m** rechts in die Einbahnstraße, **In den Heimgärten**, ein. Diese ruhige und schöne Wohnstraße endet im **Weingartshof**.

---

4 „Heiße Quellen – kalter Bach" so heißt ein Rundgang durch Burtscheid; Wissenswertes gibt es in dem Buch Aachener Stadtführer, Aachener Spaziergänge Band 4 von Bruno Bousack, erschienen 1991 by Meyer & Meyer Verlag, Aachen, ISBN 3-89124-116-X.

In den Heimgärten der Siedlung „Branderhof"

Beachtenswert sind hier die schönen Ein- und Mehrfamilienhäuser, die zu der in den Jahren 1926-1928 um den Weingartshof errichteten Siedlung „Branderhof" gehören. Diese Gartenstadtsiedlung „In den Heimgärten" mit 228 Gebäuden steht seit dem 18.03.2005 unter Denkmalschutz. Ihnen werden hier Frei- und Grünflächen oder schöne Vorgärten auffallen, auch schmucke Giebel und Fassaden. Der Weingartshof ist als Platz gestaltet und von interessanten Häusern gesäumt; gegenüber der Einfahrt befindet sich auch ein Kinderspielplatz.

Nach **links** geht die Fahrt weiter durch die Straße **Weingartsberg**, die in den **Branderhofer Weg** mündet, auf dem Sie **nach links** Ihre Tour fortsetzen.

Im Bereich des **Wilhelm-Pitz-Weges** überqueren Sie den nach links fließenden Gillesbach, rechts folgt die Dauergartenanlage „Am Höfling", links liegt der Aachener Campingplatz. In einer Steigung verläuft der Branderhofer Weg weiter, dabei den **Forster Weg** kreuzend.

Den Branderhof von 1769 erkennen Sie an seinem Blausteintor in einer Mauer, das den Blick auf drei Hofgebäude aus Ziegelsteinen zulässt.

Mittels der Ampelanlage gelangen Sie sicher über die stark befahrene **Adenauer Allee** (L 260) und bleiben weiter auf dem Branderhofer Weg mit seinen schönen Vorgärten und Häusern. Er endet am **Korneliemünsterweg**[5]. Pfeilwegweiser **AC-Kornelimünster/AC-Hitfeld** und Zusatzzeichen helfen Ihnen bei der Orientierung.

Auf dieser Straße fahren Sie an der Gallwitz-Kaserne entlang **stadtauswärts**; links beginnt ein Wiesengelände, rechts befindet sich bei einer Wendeschleife ein Nebeneingang zum Ehren- und Waldfriedhof. Auf dem hier beginnenden Fußweg (frei für Radfahrer) geht es unter Bäumen und Büschen neben dem Friedhofszaun unweit der stark befahrenen Straße zuerst bergab und auch bergauf weiter. Am Ende der Begräbnisstätte treffen Sie auf den **Wildparkweg**.

Abseits der verkehrsreichen Straße führt im Wald ein Weg hinab zu einer Brücke über den mäandernden **Beverbach**. Diese Strecke ist nicht nur bei Radlern beliebt, sondern auch bei Wanderern und kindlichen Reitern, deren Ponys häufig von Großeltern/Eltern an

---

5 Bis vor kurzem hieß der Straßenabschnitt bis zum Fortshaus Schöntal noch „Graf-Schwerin-Straße".
Gerhard Graf von Schwerin, Offizier (1899-1980) hob angeblich 1944 die für die Stadt Aachen erlassene Räumungsverfügung auf.
Die Stadt Aachen distanzierte sich auf Grund neuester Erkenntnisse von dem Straßennahmen und hat die gesamte Straße nun in „Kornelimünsterweg" umgetauft.

der Leine auf einem Rundkurs geführt werden. Deshalb ist hier aufmerksames Fahren angebracht. Nach der Brücke beginnt schon eine Linkskurve, und bald führt der Weg aus der Senke aufwärts zu einer Kreuzung.

Hier sollten Sie sich **nicht** vom **Pfeilzeichen** nach links des Radverkehrsnetzes NRW beeinflussen lassen! Dann müssten Sie Ihre Fahrt mit Autoverkehr auf dem Kornelimünsterweg fortsetzen.

Besser, sicherer und ruhiger geht es so: Sie fahren in der alten Richtung etwa **100 m** weiter, treffen dort auf einen **Waldweg**, auf den Sie **rechts** einschwenken. Schon bald sind Sie an einem breiteren Waldweg. Nach **links** radeln Sie, später aus dem Wald heraus, zwischen Wiesen und Weiden weiter bis zur **Hitfelder Straße**.

Jetzt sind Sie im Stadtteil **Hitfeld** und wieder auf der ausgewiesenen Routenlinie **nach rechts** in Richtung Kornelimünster. Auf einem gemeinsamen Geh-/Radweg kommen Sie an einer kaum erkennbaren Anlage für die Wasserversorgung der Stadt, am Schießstand der „St. Sebastianus Schützenbruderschaft Aachen-Hitfeld 1894" und einigen Häusern vorbei, unter der Autobahnbrücke hindurch und aus dem Ort hinaus.

Zu **Beginn** der **Rechtskurve** hier in der **Aachener Straße** leitet Sie die Beschilderung **über** die Fahrbahn (Vorsicht!) nach links in den Vorort **Eich**, in den **Eicher Weg**. Nun können Sie ruhig und gelassen an schönen Häusern vorbeiradeln und kommen sicher zur **Niederforstbacher Straße**. Dort gilt es, einen **Schwenk** nach **links** und wieder nach **rechts** zu machen, **schräg** gegenüber in die Straße **Bierstrauch** hinein.

Auf dieser Straße gibt es nach links noch einen herrlichen Fernblick, bevor es abwärts geht und unten bei einem Gehölz über den **Holzbach**. Hier bitten die Kinder des Sonnenkindergartens auf einem Schild[6]: „haltet den Wald sauber". Die Straße führt nun aufwärts, rechts liegt die neue Kapelle der Familie Steyns aus dem Jahr 2002.

Sie ist geöffnet – die kleine handschriftliche Notiz beschreibt die Stimmung dieses Umfeldes: „Liebe Kapellen-Erbauer! Leider habe ich keinen anderen Zettel! Aber ich werde in Santiago de Compostela an die Kapelle und Sie denken! Danke, für einen so schönen Ort der Stille!"

---

6 Wortlaut und -schreibweise übernommen auf Grund der Schildgestaltung des Kindergartens.

Kapelle der Familie Steyns aus 2002

Liebe Kapellen – Erbauer!
Leider habe ich keinen anderen Zettel!
Aber ich werde in Santiago de Compostela
an diese Kapelle und Sie denken!
Danke, für einen so schönen Ort der Stille!

Die kleine Steigung fällt einem nun besonders leicht, ein Esel weidet ruhig zwischen alten Obstbäumen. Oben sind Sie in **Bierstrauch** und bei einiger Aufmerksamkeit sehen Sie voraus über Baumwipfeln den Kirchturm der Benediktinerabtei in Kornelimünster[7]; links zweigt der Rindsbergweg ab. Der **Routenpfeil** aber zeigt **geradeaus**, Sie fahren erneut bergab, schöne Aussichten reichen bis zum Sendermast auf dem Stolberger Donnerberg oder bis zu den Dampfwolken des Kraftwerks in Weisweiler. Genießen Sie einfach die friedliche Umgebung hier auf einer Ruhebank, bevor Sie weiter abwärts rollen, unten über den **Rollefbach** kommen und dann erneut aufwärts fahren unter einem Blätterdach von Bäumen und Gebüsch. Oben angekommen, richten Sie sich nach dem **Zwischenpfeil** für Radler, fahren die wenigen Meter nach **rechts** bis zur **Oberforstbacher Straße** und hier nach links – Sie sind jetzt in **Kornelimünster**.

---

7 Auch als K'münster abgekürzt.

Das hier scheint ein interessanter Wegepunkt zu sein: Auf dem Pfahl des Radwegzeichens befinden sich Wandererzeichen/-symbole: „Krönungs-weg" und „Matthiasweg" des Eifelvereins, „E 8" des Europäischen Fernwanderweges „Nordsee-Rhein-Main-Donau-Karpaten-Rila", des Pilgerweges nach „Santiago de Compostela", „3LR-Radroute". Bei der Abtei wird auf den 1.080 km langen „Wanderweg der Deutschen Ein-heit" von Görlitz nach Aachen aufmerksam gemacht. An einen Fuß-marsch mag man wohl nicht denken! Radfahren macht noch mehr Spaß!

Jetzt gilt es wieder zu fahren, es geht sanft bergab in den Ort hinein, es bleibt Zeit, nach rechts oder links auf interessante Häuser, gepfleg-te Gärten davor oder ältere Gebäude zu achten. Sie sind sehr schnell bei einem Wegweiser des Radverkehrsnetzes NRW, der Ihnen noch einen Rest von 0,6 km bis Kornelimünster anzeigt. Wenn Sie noch dorthin wollen? Es lohnt sich immer!

Noch auf Ausfahrt gestelltes Signal in Kornelimünster

Man kann auch **hier** schon den **Rückweg** nach Aachen antreten. Nach links erkennen Sie ein altes Bahnhofsge-bäude. Man könnte bei dem Anblick auf die Idee kommen, eine Dampflok der 50er Bau-reihe sei in das Haus gefahren, und nur die vordere Klappe des Kes-sels habe die Mauer durchdrungen. Sie sind am Bahnhof in Korneli-münster – der Stadtkern liegt noch tiefer, unten am Lauf der Inde.

Fahren Sie **links** um das Haus **herum**, und Sie befinden sich schon auf dem **Vennbahnweg**. Nach rechts bemerken Sie ein altes Signal, das noch die Ausfahrt in die Eifel freigibt. Sie aber fahren **nach links** in Richtung **Aachen**, rechts befinden sich Aufbauten für Skateboardfahrer, auf denen sie ihr akrobatisches Können trainieren können.

Jetzt können Sie Radfahren und die Route auf der alten Bahntrasse genießen! Doch das möchten andere auch, manchmal ist hier „Hochbetrieb"! Sie müssen sich die Strecke teilen mit Wanderern, Rad-, Inlinefahrern oder Hundehaltern. Wenn man hier die Fernsicht in die Umgebung genießt, wie könnte ein Blick aus einem Eisenbahnabteilfenster gewesen sein? Vielleicht manchmal unterbrochen von vorbeiziehendem Dampf oder Rauch der Lokomotive?

Auf der Fahrt in Richtung Brand kreuzen Sie den **Lufter Weg**. Die Trasse macht einen langen Linksbogen, um als Eisenbahnviadukt den tief unten fließenden Rolleffbach passieren zu können.

Diese Brücke steht auf sechs Bögen, ist etwa 128 m lang, 4 m breit und wurde in den Jahren 1883-1884 von italienischen Arbeitern errichtet für die Bahnlinie Brand-Walheim-Eupen. 1983 wurden die Schienen abgebaut. Gönnen Sie sich eine Pause zum Schauen! In Haltebuchten behindern Sie nicht die schnellen Radwanderer, Skater oder andere Eilige. Am Vennbahnweg gibt es auch Bänke zum Verweilen.

Nach der Brückenfahrt bemerken Sie auf der rechten Seite ein Neubaugebiet an der Beckerstraße, danach große, hallenartige Gebäude einer Tuchfabrik, auf der linken Seite gibt es Wiesengelände. Der Vennbahnweg trifft dann auf die **Münsterstraße**[8], Sie fahren nach **rechts** auf der rotfarbenen Pflasterung des Radwegs bis zum **Kreisverkehr**, wo Sie nach **links** geleitet werden, dabei queren Sie die **Niederforstbacher Straße**. Dahinter verlassen Sie den Kreisverkehr nach **links** in den **Vennbahnweg**. In einer weiten Rechtskurve tangiert er den Ortsrand von Brand, führt über die **Münsterstraße** hinweg und zwischen Neubauvierteln in offene Wiesenflächen. Rechts werden Sie einen **Kinderspielplatz** und einen videoüberwachten Sportplatz bemerken, bevor Sie auf die **Rombachstraße** zusteuern. Gegenüber sind es noch etwa 300 m bis zur stark befahrenen **Trierer Straße** (B 258) in Brand.

Eine **Bedarfsampel** hilft Ihnen, auf der anderen Seite in der **Karl-Kuck-Straße** weiterzufahren und vorbei am ehemaligen Bahnhof Brand. Hier gibt es Ruhezonen, auch einen Spielplatz. Sie bleiben auf der Trasse, kreuzen dann umsichtig die **Eckener Straße**, fahren in einer Rechtskurve in einem Grünstreifen Richtung Ortsende, überqueren dabei die Autobahn (BAB A 44), den Haarbach und

---

8 An Kreuzungen mit Straßen sind auf dem Vennbahnweg Barrieren aufgestellt, die eine schnelle Durchfahrt verhindern.

schließlich die Debyestraße. Jetzt müssen Sie einen **Links-Rechts-schwenk** machen, denn der Geh-/Radweg verläuft nun neben der alten Bahntrasse.

Wie schon bisher geht es mit einem leichten Gefälle in Richtung Stadt Aachen; links von Ihnen sind Gewerbegebiete, nach rechts in Richtung Eilendorf liegen landwirtschaftlich genutzte Flächen, vor allem Wiesen und Weiden. Auch wenn den Radweg einige Wege oder Straßen kreuzen, Sie biegen nicht ab, fahren unter dem **Madrider Ring** (L 260) hindurch, weiter neben dem Bahngleis am Industriegelände des **Eisenbahnweges** bis zur Ampel an der **Philipsstraße**, der Sie nach **rechts** folgen.

Der Name „Rothe Erde" wird von „gerodete Erde" hergeleitet. Dieser Stadtteil gewann etwa Mitte des 19. Jahrhunderts als Stahlstandort große Bedeutung. Carl Ruetz gründete seinerzeit das Stahlwerk „Aachener Hütten-Aktien-Verein Rothe Erde", kaufte später die damalige Paulinenhütte in Dortmund und vereinigte sie mit seiner Aachener Hütte; heute noch „Rothe Erde Dortmund" genannt. Nach dem Ersten Weltkrieg wurde die Aachener Hütte Rothe Erde 1919 an den ARBED Stahlkonzern verkauft, 1926 stillgelegt und abgebaut.

Durch das heutige Industriegelände Rothe Erde fahren Sie auf die **Hüttenstraße** und den Kreisverkehr dort, den Sie an der **zweiten Ausfahrt** verlassen. Bergab und nach der **Eisenbahnunterführung** (Aachen-Köln) sind Sie in der **Rottstraße**, wo Sie auf einem

Haus Nr. 27 des Reichsweges mit Pseudotür

gemeinsamen Geh-/Radweg nach **links** abbiegen. Später, nach einer **Rechtskurve** der hier beginnenden Stolberger Straße, zweigt nach **links** der **Reichsweg** ab, dem Sie nun folgen. Links ist die Mauer des höher liegenden Bahnkörpers, rechts befinden sich bis zur Düppelstraße noch Gewerbebetriebe, interessant ist die „Tarnung" des Eingangsbereichs zum Haus Nr. 27.

Am **Adalbertsteinweg** angekommen, biegen Sie vom Reichsweg nach **rechts** auf den gemeinsamen Geh-/Radweg ab und nutzen die wenige Meter entfernt stehende **Ampelanlage**, um gegenüber in die **Beverstraße** zu fahren. Hier, vor dem Bahnhof Rothe Erde, befinden sich Parkplätze. An deren **Ende** und in einer **Rechtskurve** der Beverstraße **beginnt links** ein **Gehweg**. Er ist eine kurvenreiche Rampe, 85 m lang und hat eine Steigung von 15 %. Sie bringt Sie nach **oben** neben den Bahnkörper. In einem Grünstreifen verläuft jetzt der Geh-/Radweg; unter der Brücke[9] der **Erzbergerallee** hindurch geht es weiter in das Freizeitgelände an der **Moltkestraße**.

Die Straße wurde Namensgeberin für den 1892 hier errichteten Bahnhof, da beim damaligen Rheinischen und Hauptbahnhof für den Güterumschlag passendes Gelände fehlte. Proteste der Anwohner aus dem Frankenberger Stadtteil wegen Rauch- und Lärmbelästigung durch Lokomotiven waren erfolglos.

Wenn Sie beim Hineinfahren den nach **halbrechts** ableitenden Weg nehmen, gelangen Sie in den **Bürger- und Jugendpark Moltkebahnhof** und vor allem zu einem Kinderspielplatz mit großzügiger Geräteausstattung. Bei einer **Geradeausfahrt** kommen Sie an die Gebäude der 2003 fertig gestellten **Maria Montessori Gesamtschule.**

Seit dem 08.07.2004 spricht man hier von einem „Wunder", weil niemand durch den Absturz großer Beton- und Schuttmengen aus den Fassaden verletzt wurde. Deshalb sind mit Schutznetzen ausgerüstete Baugerüste um die Gebäude gestellt worden. Wind, Wetter und Vögel haben dazu beigetragen, dass alles verwahrlost ist bzw. wirkt. Wie mag sich das wohl auf Schüler und Lehrer auswirken? Ein Rechtsstreit über Schuld und Ursache dieses Bauschadens ist noch nicht entschieden.

Näher zur Innenstadt kommen Sie, wenn Sie aus diesem Bereich nach rechts in die **Goffartstraße** *(Heinrich Goffart, 1901-1979, Vorsitzender des DGB Kreis Aachen, Bürgermeister)* radeln.

---

9 Hier ist eine Rutsche gebaut worden, die Kinder von der Brücke statt der Treppe/Rampe benutzen können!

Links steht hier mit Hausnummer 44 ein 1942 erbauter Bunker zum Schutz der Bevölkerung gegen Luftangriffe im Zweiten Weltkrieg. Er konnte etwa 2.000 Menschen aufnehmen, zusätzlich wurde eine Haltestelle der Straßenbahn von der Bismarckstraße her am Bunkereingang eingerichtet. Dieser Bau befindet sich im damaligen Sumpffeld des Gillesbaches, der hier unter dem Bunker verrohrt weitergeleitet wurde. Der T-förmige Bau hat eine Länge von etwa 76, eine Breite von etwa 36 m bzw. von etwa 18 und eine von Höhe etwa 13 m. Die Dicke der Wände und Decken schwankt zwischen 2 und 2,80 m. Die einzelnen Stockwerke wurden getrennt belüftet und beheizt. Man konnte sich auch durch ein Umluftverfahren von der Außenluft abschotten. Den Volltreffer einer 1-t-schweren Luftmine haben alle Schutzsuchenden unverletzt überstanden. Nach Kriegsende standen einige Bunker für die zurückkehrende Bevölkerung als Notunterkunft zur Verfügung, bei diesem hier noch bis 1956. 1987 organisierte die Stadt Aachen seinen Umbau zum Musikbunker, jetzt „Musik Bunker Aachen e. V".

Bunker Frankenberg, jetzt „Musikbunker e. V."

Von der Goffartstraße aus fahren Sie zur **Bismarckstraße**, dort nach **links** und an der **Ampel** nach **rechts** in die **Schlossstraße**. An der **Kreuzung** mit Zollernstraße und Oppenhoffallee geht es **geradeaus** in die **Lothringer Straße**, über die **Wilhelmstraße** hinweg in den gleichnamigen zweiten Straßenteil bis zur **Harscampstraße**. In dieser Straße biegen Sie **links** in die **Schildstraße** (leichtes Gefälle) ab, überqueren die **Borngasse**, fahren an der schon bekannten Kreuzfigur vorbei durch die **Wirichsbongardstraße**, über den **Friedrich-Wilhelm-Platz** in die **Hartmannstraße** und an deren Ende nach **links** auf den **Münsterplatz**. Von hier ist es nicht mehr weit bis zum Ausgangspunkt der Tour. **Schmiedstraße**, **Fischmarkt** und **Klostergasse**, jetzt **Johannes-Paul-II.-Straße**, sind die letzten Wegstrecken.

Viel Freude beim Fahren!

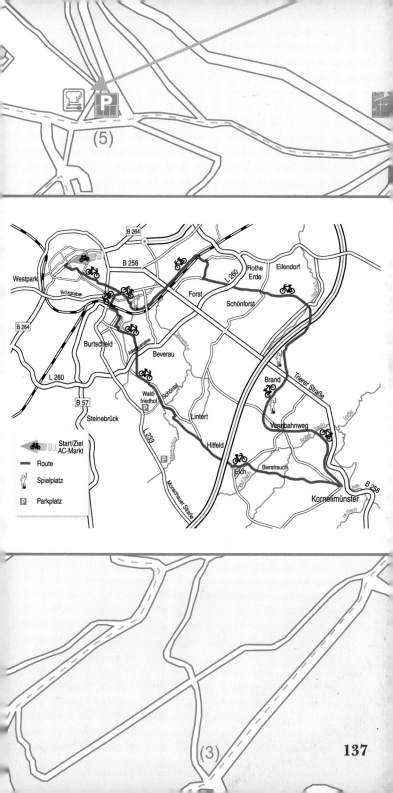

Westpark

B 264

B 258

B.Oxgraben

Burtscheid

Beverau

Malmedyallee

Schönmel

Schönmel

L 233

Waldfriedhof

Steinebrück

B 57

Monschauer Straße

Forst

Schönforst

L 260

Rothe Erde

Eilendorf

Brand

Trierer Straße

Vennbahnweg

Lintert

Hitfeld

Eich

Bierstrauch

Kornelimünster

Inde

B 258

Start/Ziel
AC-Markt

Route

Spielplatz

Parkplatz

Ein Mann mit gelben Füßen

Aachen, Markt – Rehmplatz – Europaplatz – Haaren – Würselen – Bardenberg – Alte Mühle – Berensberg – Ferberberg – Schloss Rahe – Bendplatz – Markt, etwa 27 km

Start und Ziel: Aachen, Markt/Rathaus

Fahren Sie vom Markt/Rathaus in westliche Richtung bis zur **Jakobstraße** und folgen dem Schild des Radverkehrsnetzes NRW mit den Zielen **AC-Verlautenheide/AC-Brand** nach links in die Klostergasse, jetzt **Johannes-Paul-II.-Straße**. Sie kommen zum **Fischmarkt** und darüber hinaus in die **Schmiedstraße**. Geradeaus geht es weiter zum **Münsterplatz**, an dessen Ende Sie nach **rechts** in die **Hartmannstraße** abbiegen. Leichtes Gefälle auf Kopfsteinpflaster bringt Sie zum **Friedrich-Wilhelm-Platz** (Elisenbrunnen), wo Sie nun nach **links** fahren. Danach beginnt die **Peterstraße**, die Sie aber nur bis zur **Blondelstraße** benutzen, in die Sie nach **rechts**, später in den **Willy-Brandt-Platz** nach **links** fahren. Sie kommen nun über den **Synagogenplatz** in die **Promenadenstraße**.

Mittels einer Verkehrsampel können Sie die **Heinrichsallee** mit ihren beiden Fahrspuren und einem Mittelstreifen als Busspur sicher **geradeaus** in die **Maxstraße** überqueren, an deren Ende Sie auf die **Ottostraße** treffen. Den **Rehmplatz** hier umfahren Sie wegen der Einbahnstraßen auf der **rechts liegenden** Straße, am **Ende**, in der **Rudolfstraße**, machen Sie einen **Links-**, sogleich an der **Sigmundstraße** einen **Rechtsschwenk**.

Die Sigmundstraße führt an die von links kommende **Hein-Janssen-Straße** heran, auf der Sie nach **rechts**, aber schon wenige Meter später wieder bei einer Querungshilfe nach **links** in den zweiten Teil der Sigmundstraße fahren. Sie kreuzt noch die **Aretzstraße**, bevor sie in den **Blücherplatz** übergeht. Auf dem Radweg fahren Sie **geradeaus** auf den **Europaplatz**, in den **Kreisverkehr** nach rechts. Die hier beginnende Autobahn, A 544, unterfahren Sie.

Dann steht vor der nächsten (dritten) Ausfahrt rechts **am Gebüsch** eine Beschilderung des Radverkehrsnetzes NRW, der Sie nach **rechts** durch das Gebüsch folgen. Dabei geht es eine **kleine Böschung** hinab. So gelangen Sie an einen **kanalisierten Bach**, in dem die **Wurm** fließt. Links verläuft die Hecke der Gartenkolonie Wiesental. Jenseits der Wurm fällt Ihr Blick auf die Gebäude von *Gut Kalkofen*. An der **Talbotstraße** überqueren Sie auf der Brücke den Bach, der nun links neben Ihnen plätschert. Ganz in der Ferne wird voraus auf dem Haarberg sein Kreuz sichtbar.

Gut Kalkofen am Wurmbach

Links der Wurm liegen Gebäude von Gewerbebetrieben, rechts Wiesen und Äcker. Hier biegt der **Weg** nach rechts und leitet Sie an seinem Ende mit einer Linkskurve auf den alten Abschnitt des **Berliner Ringes**. Als Radler fahren Sie entsprechend der Beschilderung des Radverkehrsnetzes NRW nach **links** bis **kurz** vor die Brücke, **rechts** steht ein großer, alter Baum. Hier geht es nach **rechts** eine Böschung **hinab**, unmittelbar neben der Wurm her unter der (neuen) Brücke des Berliner Rings in ein Parkgelände hinein und hindurch. Ihr Weg **mündet** neben einer Bahnlinie auf der Jülicher Straße. Nach **rechts** fahren Sie auf der **Alt Haarener Straße** nach Haaren bis zur Kreuzung mit der **Verkehrsampel** und biegen hier nach **links** ab in die **Germanusstraße**.

In einer leichten Rechtskurve verlassen Sie diese Straße nach **links** in die **Laachgasse** und gelangen über ein kleines Freizeitgelände hinweg wieder an die **Wurm**. Neben dem Wasser macht Radfahren Spaß, rechts befinden sich Gewerbebetriebe. Dann **schwenkt** der Weg vor einer Böschung nach **rechts**, es geht hier ein paar Meter **steil hinauf** auf die alte **Bahntrasse**[1] (Aachen-Jülich).

Lassen Sie sich auch hier, auf dem **Benno-Levy-Weg**[2], von den Zeichen des Radverkehrsnetzes NRW leiten. Sie überqueren die Straße(n) **Strangenhäuschen/Hergelsbenden** und kommen an die **Friedenstraße**, biegen am ehemaligen Bahnübergang **links** ab

---

1 Hier oben einige Meter nach links – die Brücke über die Wurm fehlt – eine Ruhebank ist vorhanden.
2 Benno Levy war Haarener Mitbürger jüdischen Glaubens, *09.11.1886. Er wurde tot aufgefunden am 18.08.1941 am Bahnübergang Friedenstraße.

und schon einige Meter später nach **rechts** (Straßennamenschild: Friedenstr. 111). Durch Wiesengelände geht es neben der alten Bahntrasse unter der Autobahn in Richtung **Würselen** weiter. Dabei müssen Sie an der folgenden Querstraße nach **rechts**, aber sofort wieder nach **links** auf die **alte Bahntrasse** fahren. Bald gelangen Sie zu einem tiefer liegenden und mit Wasser gefüllten Streckenabschnitt und müssen ihn mit einem Links-/Rechtsschlenker in einer kurzen Steigung umfahren und sind danach bei einer **Schutzhütte**. Von links her hören Sie die Verkehrsgeräusche, Lücken im Buschstreifen bzw. zwischen Bäumen geben manchmal einen kurzen Blick auf die Aachener Straße (B 57) frei. Im weiteren Verlauf bis in die Ortsmitte von Würselen kommen Sie noch an einer links stehenden Hütte vorbei, es bleibt meist schattig und auch windgeschützt.

Links des Weges liegt der **schöne Stadtpark** von Würselen (Freizeitgelände mit Grillhütte und Spielplätzen), den Sie nach links über einen **gepflasterten Weg** erreichen können. Es wäre nur ein minimaler Umweg, denn es gibt Abzweigungen nach rechts zur geplanten Fahrroute.

In Würselen-Mitte finden Sie einen kleinen Platz vor mit einer fünfstrahligen Kreuzung (Straßen im Uhrzeigersinn: Markt, Neuhauser Straße, Kaiserstraße, **Bissener Straße** und Friedrichstraße).

Die Radroutenschilder des Radverkehrsnetzes NRW würden Sie geradeaus führen! Sie **aber** fahren **halblinks** in die **Bissener Straße**, eine hier beginnende Einbahnstraße; sie ist eine schöne, verkehrsberuhigte Straße. Sie endet am **Lindenplatz**, auf den Sie

Kunst auf dem Lindenplatz
in Würselen

gelangen, wenn Sie zuerst nach **rechts** und dann einen **schmalen** Zugang nach **links** fahren.

Es handelt sich um einen schön gestalteten Platz mit einem großen Baum in der Mitte, dem Bissener Kirmesbaum von 1985, Kunstwerk aus vier Metallstelen und nebenan vor dem Postgebäude ein Mann mit Hut, elegant gekleidet, die linke Hand tief in der Tasche seines hochgeschlossenen Mantels, die rechte Hand abgestützt auf einem Stock.

Am Lindenplatz
in Würselen

Für Radler ist das **Befahren** der **Kreuzstraße** (auch gegen den Einbahnverkehr) freigegeben. Die Kreuzstraße verläuft über die **Bahnhofstraße** hinweg und bis an die **Elchenrather Straße**. Hier fahren Sie **schräg** gegenüber in die Straße **Am Johanniterhof**, am Beginn eine Links-, bald eine Rechtskurve in einem Neubaugebiet mit Wohnhäusern. Die Bebauung **hört vor** einer **Rechtskurve** auf. Sie aber biegen (hinter Haus Nr. 33) nach **links** auf einen gemeinsamen Rad- und Gehweg ab, der als ehemalige Bahntrasse auf die **Honigmannstraße** bis zur **Krefelder Straße** (B 57) an eine **Ampelanlage** herankommt.

Den **Radweg** der Krefelder Straße auf der **gegenüberliegenden** Seite können Sie sicher erreichen, wo Sie aber nach **rechts** fahren und nach etwa 300 m **schräg links** in die **Burgstraße** hinein, weg vom starken Autoverkehr. Sie bleiben immer auf der Burgstraße. Mehr oder weniger am Ortsrand kommen Sie an einem links liegenden Friedhof vorbei. Nach rechts können Sie über landwirtschaftlich genutzte Flächen weit in die Ferne schauen, wo vor allem die Abraumhalden des ehemaligen Steinkohlenabbaus des Alsdorfer Reviers als Berge auffallen.

Fernsicht auf
Abraumhalden

Spitzwinklig treffen Sie bei einem Kreuz auf die **nach** rechts verlaufende **Bardenberger Straße**. Ein Radweg ist vorhanden. An
der nächsten fünfarmigen Kreuzung (Landgraben/Stöckergäß-
chen/von-Görschen-Straße/Grindelstraße/Heidestraße) beginnt
geradeaus die **Heidestraße**.

Das diesen Kreuzungsbereich beherrschende Denkmal mit der Figur
des „Baadebärjer Jeel-Puet" wurde im September 1998 aufgestellt.
Der Heimatverein Bardenberg wollte an die Legende erinnern, die
sich im späten Mittelalter ereignete, als ein Grenzwall noch die Aache-
ner und Jülicher Hoheitsgebiete trennte.

„Baadebärjer
Jeel-Puet",
Denkmal zur
Erinnerung an
alte Grenzen
und Legenden

Diese Hürde zog sich vom
Paulinenwäldchen über
den Landgraben, Stöcker-
gäßchen und Birk bis nach
Weiden. Im Grenzwall
befand sich an dieser Stelle
ein offizieller Posten, der
die Passage mit einem
Schlagbaum für Zollabga-
ben, „Grindel" genannt,
sicherte. Landwirtschaftli-
che Erzeugnisse waren
beim grenzüberschreitenden
Handel bzw. Verkauf abga-
benpflichtig. Ein unnach-
giebiger Zöllner und ein
armer Bardenberger Bauer

trafen hier aufeinander, der nun auch noch die Eier in seinem Korb verzollen sollte. Es kam zu keiner Einigung, und der arme Bardenberger wurde darüber so wütend, dass er die Eier in seinem Korb mit den Füßen zerstampfte. Man kann sich seine gelben Füße, also „Jeel Puete", jetzt vorstellen. Was mögen wohl Frau und Kinder zu Hause gedacht oder gesagt haben, als er nun völlig mittellos wieder vor ihnen stand. Das soll die Geburtsstunde des Spitznamens für die Bardenberger gewesen sein!

Auf der Heidestraße setzen Sie die Fahrt fort. Den **Kreisverkehr** verlassen Sie an der **dritten Ausfahrt** in die **Ather Straße**, die alsbald mit leichtem Gefälle zwischen Wohnhäusern an einer Weggabelung nach links verläuft. Hier halten Sie sich an die nach **rechts** dann bald **steil bergab** führende Straße **Mühlenweg**. Nach der Bebauung durchfahren (gute Bremsen sind hier wichtig) Sie einen Waldgürtel und sind nach einer Linkskurve im Tal angelangt.

Rechts stehen die Gebäude einer ehemaligen Wassermühle im Wurmtal – jetzt ein Hotel und Restaurant.

Im Wurmtal will man durch Schutzmaßnahmen nicht nur Orte der Erholung, sondern auch naturnahe Zonen erhalten. Seine Umgebung wird schon intensiv landwirtschaftlich genutzt. In diesem Tal findet man in Nordrhein-Westfalen eine landesweit wichtige, naturnahe und einzigartige Flusslandschaft. Die Mäander sind durch die Strömung dauernd in Bewegung und immer neue Biotope können sich entfalten.

Mäandrierender Wurmbach mit Steilufer

Alte Mühle heißt jetzt die Straße. Auf ihrer Brücke **überqueren** Sie die **Wurm**, dahinter öffnet sich eine größere und gerne als Parkplatz genutzte Fläche. Nach **links** radeln Sie hier in den **Ginsterweg**. Dort, wo die eingezäunten Weiden enden und der Ginsterweg geradeaus steil bergauf führt, halten Sie **nach links**. Dieser Weg führt mit einem Rechtsbogen durch Felder und dann in einen bewaldeten Geländestreifen. Rechts erheben sich steile Berge, links fließt in zum Teil größerer Entfernung mäandrierend die nicht immer sichtbare Wurm.

Schließlich treffen Sie auf den **KP** Nr. **10**, bergauf bringt eine asphaltierte Straße Sie weiter bis zu einem **Parkplatz** mit Infotafel zum Wegenetz. Sie nehmen nicht die asphaltierte Ausfahrt nach rechts, **sondern** die nach **links** in den Wald. Bergab fahrend, erreichen Sie nach kurzer Zeit die **Rolandstraße**, die sich hinter der Wurmbrücke geradeaus als Schweilbacher Straße fortsetzt an Teuterhof vorbei nach Würselen.

Sie aber fahren vor der Brücke in den **Weg**, **neben** dem links die **Wurm fließt**. Er macht auch die Linkswindung der Wurm mit, verlässt sie aber zwischen Wiesen nach rechts in einen Wald hinein.

Landschaft an der Wurm nach Regenschauer

Sie orientieren sich hier in einer leichten Steigung an den **nach links abgehenden Weg** (Wanderwegmarkierung: weißes **X**). Nach der genannten Brücke und einer Wegstrecke von **etwa 800 m** erwartet Sie ein nach **rechts abzweigender** Weg (hier steht ein Holzpfahl mit Nr. 13 einer Telegrafen-/Stromleitung). Diesen Weg benutzen Sie nun, es geht anfangs **mäßig**, dann aber **steil** neben einem Wiesengelände **bergauf**, aber unter Bäumen. Die meisten Radler schieben hier! Dabei hat man Gelegenheit, sein Umfeld zu betrachten, knorrige Bäume, verwundene Baumwurzeln und Steillagen wahrzunehmen. Dabei vergeht die Zeit schnell auf diesen etwa 600 m, vom Radeln verspannte Muskeln können sich lockern.

Oben, bei den **ersten Häusern**, sind Sie in der **Bergstraße**. Die Wanderwegbeschilderung nach **HZ-Berensberg** zeigt **spitzwinklig** nach **links** auf einen schönen Weg am Waldrand entlang. Im Laufe dieser Strecke findet man auch Ruhebänke, erreicht eine alten Eiche als Naturdenkmal und unterquert eine Hochspannungsleitung. Nach einer großen Rechtskurve sind Sie am Friedhof von Herzogenrath, **Stadtteil Berensberg**. **Paulinenhof** heißt die Straße jetzt und mündet in die Straße **Zum Blauen Stein**. Sie biegen **rechts**

Das Fohlen noch nicht im Reiterstadion

ab, **überqueren** die Kreuzung und fahren **geradeaus** auf dem links liegenden Rad-/Gehweg der **Berensberger Straße** in westliche Richtung, wieder auf einem Routenabschnitt des Radverkehrsnetzes NRW. Auch am **KP Nr. 8** fahren Sie **geradeaus**. Auf den Weiden kann man viele Pferde beobachten.

Nach der letzten Baumreihe können Sie nach links über Felder und Wiesen Ausblicke bis in die Eifel, Soers oder auf den Lousberg genießen. Dann geht es schon auf einer **Brücke** über die Kohlscheider Straße, L 232. Nach einer leichten **Rechtskurve** kommen Sie an eine nach **links** abgehende Straße. Sie fahren hier in Richterich in den **Landgraben**. Die Fernsicht bleibt Ihnen erhalten; auch links beginnt bald die Bebauung mit einem Bauernhof, danach drei andere Häuser.

Nach dem Haus mit der **Nr. 60** beginnt **links** ein asphaltierter Weg, den Sie nehmen müssen. Es geht bergab, gute Bremsen sollten Sie haben, denn es wird noch steiler, bevor Sie in einer **Rechtskurve** auf einer Brücke über die Autobahn (BAB 4), danach auch **sofort** wieder nach **links** fahren. Es geht immer noch abwärts, parallel neben der Spur zur Autobahnausfahrt her. Bald hört die Asphaltierung des Weges auf und in einer **Rechts**-, danach in einer **Linkskurve** leitet er Sie zwischen einem Acker und Wiesen auf Häuser zu, wo Sie erneut nach **rechts** müssen. Dort, wo die Häuserzeile endet, biegen Sie links ab in die **Schlossparkstraße**, treffen dann auf die gleichnamige, breitere Querstraße, über die hinweg Sie **schräg links** in die **Schloss-Rahe-Straße** gelangen. Kurvenreich können Sie noch ein wenig bergab rollen, kommen rechts an einem Areal von Neubauten[3] („Wohnträume! Leben auf überdurchschnittlich großen Wohnflächen."), der nicht mehr genutzten Rathsmühle und nach einer Linkskurve am Park mit Schloss Rahe vorbei. Links des Straßenabschnitts gibt es hier in einer Hochwasserschutzanlage ein Biotop mit dem Regenrückhaltebecken für den Wild- und Schwarzbach, danach landwirtschaftlich genutzte Flächen.

Bei Ihrer Fahrt tauchen ein hoher, baumbestandener Damm und zwei Häuser auf. Und schon macht die Schloss-Rahe-Straße an der **Verkehrsampel** einen **Rechtsknick**, führt mit einem Tunnel durch den Damm hindurch und endet in Sichtweite an der **Roermonder Straße**.

Diese Straße mit dem Radweg **gegenüber** nutzen Sie nach **links**, unter den Toledoring und über die **Kackertstraße** fahren Sie stadteinwärts. Sie biegen aber, geführt von **Zeichen** des Radverkehrsnetzes NRW, nach **rechts** in die **Henricistraße** ab und bleiben auf ihr, bis Sie neben dem Bendplatz an der **Kühlwetterstraße** jetzt nach **rechts** radeln. Es sind hier nur wenige Meter bis zum Haupteingang des Platzes. **Links** gegenüber beginnt die **Kruppstraße**. Ihre Route führt nun durch die Kruppstraße bis zur **Turmstraße**, wo Sie nach **rechts** abbiegen.

Bald sind Sie an der **Ampel** einer **großen Kreuzung**. Über die breiten Fahrbahnen der **Turmstraße** und des **Pontwalls** fahren Sie **schräg gegenüber**, und zwar in die **Wüllnerstraße**, hinein. Es geht wieder bergab, an der Ampel des **Templergrabens** geradeaus in die **Eilfschornsteinstraße** und hinab zum **Augustiner-/Annuntiatenbach** mit einem offen fließenden Bereich des Johannisbaches.

Die geradeaus beginnende und zur Jakobstraße/Markt hinaufführende **Kockerellstraße** dürfen Sie Rad fahrend aus verkehrsrechtlichen Gründen nicht nutzen. „Radfahrer, bitte absteigen" heißt es hier noch zusätzlich!

Viel Freude beim Ausflug!

---

3 September 2007.

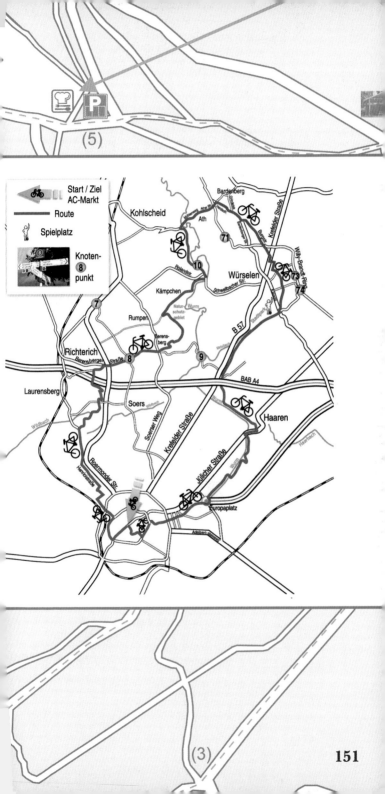

Bildnachweis:

Titelbild und Fotos Innenteil: Klaus Voß
Umschlaggestaltung: Jens Vogelsang